Schemageleitete Pädagogik im Kinder- und Jugendbereich

Claudia Pommer
Doris Zöhling

Schemageleitete Pädagogik im Kinder- und Jugendbereich

 Springer

Claudia Pommer
nach Pommer & Zöhling
Institut für Schemageleitete Pädagogik
St. Pölten, Österreich

Doris Zöhling
nach Pommer & Zöhling
Institut für Schemageleitete Pädagogik
St. Pölten, Österreich

ISBN 978-3-658-26546-5   ISBN 978-3-658-26547-2   (eBook)
https://doi.org/10.1007/978-3-658-26547-2

Die Deutsche Nationalbibliothek verzeichnet diese Publikation in der Deutschen Nationalbibliografie;
detaillierte bibliografische Daten sind im Internet über http://dnb.d-nb.de abrufbar.

Springer ist ein Imprint der eingetragenen Gesellschaft Springer Fachmedien Wiesbaden GmbH und ist
ein Teil von Springer Nature.
Die Anschrift der Gesellschaft ist: Abraham-Lincoln-Str. 46, 65189 Wiesbaden, Germany

Geleitwort – Landeshauptfrau von NÖ Johanna Mikl-Leitner

Fachbuch „Schemageleitete Pädagogik im Kinder- und Jugendbereich".

 **Kinder und Jugendliche brauchen Geborgenheit, Zuwendung und Unterstützung.**

Als Landeshauptfrau von Niederösterreich, aber vor allem auch als zweifache Mutter, liegt mir das Wohl der Kinder und Jugendlichen in unserem Bundesland ganz besonders am Herzen. Kinder und Jugendliche brauchen Aufmerksamkeit und verlässliche Beziehungen. Sie brauchen eine Umgebung, die ihnen Anregungen, Herausforderungen und Freiräume bietet.

Um bestmögliche Entwicklungsbedingungen für Kinder und Jugendliche zu sichern und ihr Wohl zu gewährleisten, bedarf es einer breiten Palette verschiedener Angebote für Kinder und Jugendliche, ihrer Eltern und Familien. Im Zentrum des Interesses steht immer das Wohl der Kinder und Jugendlichen.

Soziale Kompetenz, Verantwortungsbewusstsein oder organisatorische Fähigkeiten werden nicht nur in der Schule vermittelt, sondern auch in Vereinen und Verbänden. Selbstwertgefühl und Selbstbewusstsein, Gemeinschaftsfähigkeit, Selbstständigkeit und Eigenverantwortlichkeit können Kinder erlernen, indem sie sich aktiv an Angeboten der Jugendarbeit beteiligen. Die Beteiligung junger Menschen, das Akzeptieren von Meinungen und das Zulassen von Ideen sind wesentliche Grundpfeiler der Arbeit in unseren Gemeinden.

Es ist unsere Aufgabe und unsere Pflicht, alles Notwendige zu tun, um Kindern, Jugendlichen und Familien in schwierigen Situationen die notwendige Unterstützung, Hilfe und Förderung zu gewähren.

J. Mikl-Leitner

Geleitwort – Dr. Christof Loose

Für dieses Buch ein Vorwort zu schreiben, ist für mich eine besondere Ehre und Freude, da hiermit umfassend das von der Internationalen Gesellschaft für Schematherapie (ISST e. V.) akkreditierte Konzept der Schematherapie mit Kindern und Jugendlichen (vgl. Loose et al. 2013, 2015) national und international erstmalig auf die Pädagogik und die stationäre Jugendhilfe übertragen werden konnte. Es ist in meinen Augen auch deswegen ein besonders wertvolles Buch, weil es sowohl mit fachlicher Expertise, als auch „von der Basis" aus entwickelt und geschrieben wurde: Den Autorinnen Frau Mag. Claudia Pommer und Frau Dr. Doris Zöhling, befähigt durch langjährige Erfahrung sowohl in der Psychotherapie, als auch Pädagogik und Begleitung von verhaltens- und emotional auffälligen Kindern und Jugendlichen, ist mit diesem pädagogischen Konzept „ein großer Wurf" gelungen. Es berücksichtigt einerseits, was diese junge und besonders bedürftige Klientel an Beziehungsgestaltung, Empathie und angemessene Psychoedukation benötigt, ohne andererseits die Fachkräfte selbst und deren Bedürfnisse aus den Augen zu verlieren (Stichwort: Burnout-Prophylaxe).

Auch wenn die Empirie und Datenlage zur Akzeptanz und Effektivität der schemageleiteten Pädagogik zum Zeitpunkt der Bucherstellung (Frühjahr 2019) noch nicht abgeschlossen ist und ganz allgemein gesagt noch in den Kinderschuhen steckt, kann schon jetzt von einer soliden Plattform gesprochen werden, auf der – je nach speziellem Setting der Betreuung und Begleitung – weitere Ideen und Techniken ergänzt werden können. So verstanden kann die vorliegende Konzeption auch als ein Grundlagenwerk für Schemageleitete Pädagogik interpretiert werden, das – davon bin ich überzeugt – nicht nur in Österreich, sondern auch in Deutschland und in der Schweiz von der Fachwelt interessiert wahrgenommen und aufgegriffen wird. Grundlage dieser Einschätzung ist der bereits in der kognitiven Verhaltenstherapie hohe Stellenwert der Schematherapie, denn letztere wird vor allem für die Arbeit mit Kindern und Jugendlichen als 3. große Phase des gesamten Verfahrens der Verhaltenstherapie benannt (Lauth und Linderkamp 2018, ▶ Kap. 1); die dort genannten Attribute „*Schematherapie … seit 2010er Jahren … unverhoffter Siegeszug, … kreativ, … sinnstiftend, …motivationserhöhend, … stimmig … klärend*" mögen hoffentlich bald auch auf die Schemageleitete Pädagogik für das Kinder- und Jugendalter übertragen werden können: Dies wünsche ich den beiden Autorinnen von ganzem Herzen.

Ihnen, liebe Leserinnen und Leser, kann ich an dieser Stelle nur viel Spaß beim Studium der Inhalte und Ausprobieren der Techniken wünschen.

Christof Loose
Düsseldorf
im Februar 2019

Literatur

Lauth, G., & Lindenkamp, F. (Hrsg.). (2018). *Verhaltenstherapie mit Kindern und Jugendlichen: Praxishandbuch.* Weinheim: Beltz.

Loose, C., Graaf, P., & Zarbock, G. (2013). *Schematherapie mit Kindern und Jugendlichen.* Weinheim: Beltz.

Loose, C., Graaf, P., & Zarbock, G. (2015). *Störungsspezifische Schematherapie mit Kindern und Jugendlichen.* Weinheim: Beltz.

Vorwort

Dieses Buch stellt für uns als Entwicklerinnen dieses Ansatzes eine große Freude dar und wir möchten gerne damit unser entwickeltes Wissen sichern und heute einen Beitrag, für den morgigen Kinder- und Jugendbereich liefern. Unsere Kompetenz, gepaart aus Praxis fundiertem Wissen als Psychologin und Psychotherapeutin einerseits und Erziehungs- und Bildungswissenschaftlerin andererseits, lässt diesen Ansatz in seiner ganzheitlichen Form erstrahlen.

Dieses Fachbuch, das Sie hier in Händen halten, ist eine praxisorientierte

Einführung in die Schemageleitete Pädagogik.[1]

Diese hat ihre Grundlage in der Schematherapie, die in der Psychotherapie oder auch im Coaching als eine evidenzbasierte erfolgreiche Behandlungsmethode be- und anerkannt ist. Sie ist international untrennbar verknüpft mit Jeffrey Young, Janet Klosko und Marjorie Weishaar. In Deutschland sind die bekanntesten Protagonist*innen Gitta Jacob und Arnoud Arntz, Eckhard Roediger, Christof Loose, Peter Graaf und Gerhard Zarbock und viele andere.

Therapie sollte sich auf jene konzentrieren, die schwerwiegende Verhaltensstörungen aufweisen. Ziel ist es, den hilfreichen Zugang der Schematherapie auch außerhalb der störungsspezifischen Psychotherapie für die Pädagogik zu ermöglichen. Ohne die Grenzen zur Therapie zu überschreiten. Wenn Schemageleitete Pädagogik gut angewandt wird, führt sie zu Verständnis, Erleichterung und erlebtem Sinn. Da diese Empfindungen uns allen wohl tun, möchten wir die helfenden Erkenntnisse der Schematherapie hier in die Anwendung außerhalb der Therapie übersetzen, abwandeln und anwendbar machen.

Die Pädagogik sollte bereits im Vorfeld, d. h. bevor die Verhaltensauffälligkeiten therapierelevant werden, also präventiv wirken. Es geht darum, eine Brücke von der Schematherapie zum Erziehungsalltag bzw. zur sozial- und heilpädagogischen Praxis in Kindergärten, Schulen sowie Kinder- und Jugendhilfeeinrichtungen zu bauen.

Schemageleitete Pädagogik ist von uns mit ihren 4 Umsetzungssäulen, nämlich der Psychoedukation, Fallkonzeption, Elterncoaching und der Zuziehung von Expert*innen, gepaart mit Gewaltprävention, Gesundheitsprophylaxe und Burn-out Prophylaxe, entwickelt.

---

1 Die Schemageleitete Pädagogik sollte nicht verwechselt werden mit der von Markus Damm und anderen entwickelten Schemapädagogik. Auch diese leitet sich aus der Schematherapie ab, unterscheidet sich jedoch in einigen Aspekten von der hier vorgestellten Pädagogik (siehe ▶ Kap. 2). Wir wollen dennoch offen auf die Schemapädagogik und ihre bereits begonnenen Fortbildungen und rechtlich geschützten Zertifikaten als Schemapädagog*innen® hinweisen.

Dieses Buch ist ein ganzheitliches Werk mit Anleitung von der Praxis für die Praxis.

Anleitung von der Praxis für die Praxis
- Es ermöglicht eine einheitliche Sprache im multiprofessionellen Team.
- Ebenso dient es der Burn-out Prophylaxe und Gewaltprävention.
- **Ein Miteinander steht im Mittelpunkt!**
- „Man lernt, wo seine eigenen Knöpfe sind, und die des anderen, und welche gedrückt werden müssen, um den anderen bestmöglich begleiten zu können."

Das Buch richtet sich insofern an Pädagog*innen in Kindergärten, Schulen sowie Kinder- und Jugendhilfeeinrichtungen, aber auch an Studierende von pädagogisch orientierten Fachrichtungen. Das Fachbuch soll zudem eine Grundlage für diverse Vorträge, Weiterbildungen, Fachhochschulkurse sein und für praktische Anwendungen in Kindergärten und Schulen sowie Kinder- und Jugendhilfeeinrichtungen genutzt werden.

Ausgangspunkt für die Ausführungen sind die Veränderungen hin zu einer neuen, Schemageleiteten Pädagogik, die deshalb notwendig sind, weil es tendenziell immer junge Menschen in schwierigen Lebenssituationen gibt und geben wird und die PädagogInnen ein Handwerkszeug erhalten sollten, um mit ihnen konstruktiv umgehen zu können. Ausgehend von dieser Analyse werden zunächst einige gängige pädagogische Maßnahmen angesprochen, die in ihren Verdiensten, aber auch in ihren Limitationen benannt werden. Daraus leiten wir die Notwendigkeit ab, eine Schemageleitete Pädagogik zu entwickeln und institutionell zu verankern.

Nun zu einer kurzen Beschreibung dessen, was die Leser*innen in den folgenden Kapiteln erwarten dürfen.

In ▶ Kap. 2 werden die Grundlagen der Schemageleiteten Pädagogik (nachfolgend mit SP abgekürzt) erläutert. Zunächst die von J. Young entwickelte Schematherapie mit ihren Grundbegriffen der Schemata und der Modi von Kindern und Erwachsenen. Auch die vier Säulen der SP (Ressourcenarbeit/Psychoedukation; Fallbesprechung; Elternarbeit und Hinzuziehung von Expert*innen) werden dargestellt. Das Handwerkszeug und das systematische Vorgehen der SP wird im folgenden Schritt vorgestellt, bevor dann eine Zusammenfassung die wesentlichen Erkenntnisse erfasst und in den Praxisteil, der das Kernstück des Buches bildet, überleitet.

In ▶ Kap. 3 werden jeweils Praxisbeispiele aus den Institutionen Kindergarten, Schule und Kinder- und Jugendhilfen präsentiert. Bei allen Praxisbeispielen sollen zunächst jeweils die altersspezifischen, das Zusammenleben erschwerenden Verhaltensweisen (z. B. aggressives Verhalten) dargestellt werden. Im zweiten Schritt werden dann die entsprechend angepassten pädagogischen Methoden und die Anforderungen für die jeweiligen pädagogischen Berufsgruppen erläutert. Dabei soll Gewaltprävention ein Schwerpunkt sein. Die jeweiligen Unterkapitel aus Kindergarten, Schule und Kinder- und Jugendhilfe enden mit konkreten Praxisbeispielen und einigen Arbeitsmaterialien.

▶ Kap. 7 beinhaltet eine, für die Schemageleitete Pädagogik, speziell verfasste Kindergeschichte von Ingeborg Gollmann, die eine praxisorientierte Ergänzung für die Schemageleitete Pädagogik darstellt. Elisabeth Kihßl untermalt die Geschichte mit ihren Zeichnungen. Die Kindergeschichte beschäftigt sich mit der Verarbeitung von Gefühlen und ist stark verknüpft mit der Ressourcenarbeit/Psychoedukation am Kind.

Im Anhang werden Adressen von Instituten, Fortbildungsanbietern, Verbänden, Vereinen usw. zusammengetragen, die für die LeserInnen für weitere Informationen oder Weiterbildungen genutzt werden können. Auch eine Literaturliste und ein Register sind dort zu finden.

Schemageleitete Pädagogik ist eine Methode mehr, um mit Kindern in schwierigen Situationen und psychiatrischen Erkrankungen und Eltern umgehen zu können. Vor allem geht es hier um eine Kompetenzerhöhung der Pädagog*innen und ermöglicht es, ohne Diagnosen zu stellen, qualifiziert arbeiten zu können. Auch Selbstreflexion, Intervision und Elterncoaching werden forciert dargestellt. Anhand unserer Ausführungen steht ein praxisorientierter Leitfaden zur Verfügung und bringt die Theorie in die Praxis. Es gibt viele pädagogische Methoden/Ansätze, aber Schemageleitete Pädagogik bildet einen Rahmen für verschiedene Richtungen, bietet schemageleitete Handlungsmöglichkeiten im Alltag an und hält Erklärungsmuster für diverse Problematiken ohne therapeutisches Vorgehen.

Unser entwickelter pädagogischer Ansatz wird wissenschaftlich von der Universität Wien begleitet und wir möchten unsere Arbeit als „work in progress" verstanden wissen. Die FH Campus Wien begeisterte sich ebenso für die Thematik und somit gibt es erste Anknüpfungspunkte in der Lehre. Die erste Bachelor Arbeit ist dazu bereits verfasst.

Zu unserem Buchprojekt sind wir über den Leitgedanken des Qualitätsmanagements der NÖ SBZ's in der NÖ Landesregierung gekommen.

In der NÖ Landesregierung sind wir für das Qualitätsmanagement in den Sozialpädagogischen Betreuungszentren zuständig, sind Stabstelle für Innovation und Praxisentwicklung.

Federführend sind wir im NÖ Projekt zur Schemageleiteten Pädagogik in den SBZ's, zuständig und für deren Umsetzung beauftragt.

Als Expertinnen möchten wir uns gerne besonders bei Dr. Christof Loose bedanken, der uns tatkräftig und mit viel Engagement in der Weiterbildung der MitarbeiterInnen der SBZ's und in der Entwicklung unterstützt hat.

Ebenso gilt unser aufrichter Dank unserem Gruppenleiter Hofrat Dr. Otto Huber, der uns die Möglichkeit der Grundentwicklung ermöglicht hat und unser Tun in wertschätzender Form begleitet und unterstützt hat. Besonders möchten wir uns auch bei unserer Kollegin DSA Andrea Schwingenschlögl und anderen KollegInnen für die Unterstützung in den Entwicklungen bzw. Umsetzungen in den NÖ SBZ's bedanken.

Frau Univ.-Prof. Dr. Brigitte Lueger-Schuster von der Universität Wien mit ihrem Team danken wir für die befruchtenden Gespräche und Ausarbeitungen zur Evaluierung und dem Interesse an dieser neuen Thematik.

Frau Prof. h.c. Dr. Bibiana Schuch für ihr persönliches Engagement in den einzelnen Einrichtungen und für ihr Wirken als Expertin zur Beratung vor Ort, bei richtungsweisenden Entscheidungsfindungen.

Ein aufrichtiges, herzliches Danke auch an die Kinderbuch- Autorin Ingeborg Gollmann, die für uns die schemageleitete Kindergeschichte, mit ihren lustigen und geheimnisvollen Geschehnissen für Jung und Alt, spannend verfasst hat. Danke Mama für deine Unterstützung! Deine Doris

Ein besonderer Dank gilt auch jenen Personen, die uns in unserer beruflichen und persönlichen Laufbahn sinnstiftend und wohlwollend unterstützt und gestärkt haben.

Nun wünschen wir erst mal viel Freude beim Lesen.

Mag. Claudia Pommer
Dr. Doris Zöhling
St. Pölten
2019

Inhaltsverzeichnis

Über die Autoren

Mag. Claudia Pommer
Klinische- und Gesundheitspsychologin, Psychotherapeutin (Verhaltenstherapie), Bereichsleitung für Innovation. Wissenschaft. Qualität in Abteilung GS 7, NÖ-LRG, Mitbegründerin Schemageleitetes Institut nach Pommer/Zöhling in „GESUND im ZENTRUM" St. Pölten. 1968 in St. Pölten/ Österreich geboren.

Dr. Doris Zöhling
Erziehungs- und Bildungswissenschaftlerin, nebenberuflich Lehrende an der FH Campus Wien, Qualitäts- Innovations- und Praxisentwicklerin im gesamten pädagogischen Handlungsfeld, Moderationen, Vortragstätigkeiten, Mitbegründerin Schemageleitetes Institut nach Pommer/Zöhling; Direktorin im SBZ Hinterbrühl. 1977 in Fürstenfeld/Österreich geboren.

Einleitung

© Springer Fachmedien Wiesbaden GmbH, ein Teil von Springer Nature 2020
C. Pommer, D. Zöhling, *Schemageleitete Pädagogik im Kinder- und Jugendbereich*,
https://doi.org/10.1007/978-3-658-26547-2_1

Die letzten drei Kinder- und Jugendberichte der deutschen Bundesregierungen gehen davon aus, dass es tendenziell immer mehr psychisch belastete und/oder traumatisierte Kinder und Jugendliche geben wird.

1.1 Kindheit und Jugend heute und morgen

Die letzten drei Kinder- und Jugendberichte der deutschen Bundesregierungen gehen davon aus, dass es tendenziell immer mehr psychisch belastete und/oder traumatisierte Kinder und Jugendliche geben wird.

Im Ärzteblatt ist davon die Rede, dass in Deutschland mindestens 5 % der Kinder und Jugendlichen psychiatrisch behandlungsbedürftig und zehn bis 18 % verhaltensauffällig seien und diagnostische Maßnahmen benötigten. Zu den Gründen gehören die wachsende gesellschaftliche Heterogenität und Vielfalt, die digitale Mediatisierung, die Individualisierung, aber auch der hohe Einfluss sozialer Herkunft auf Bildung und Lebensperspektiven (14. Kinder- und Jugendbericht, Kap. 11).

Mit dem Begriff „neue Morbidität" werde beschrieben, dass sich das Krankheitsspektrum bei Kindern und Jugendlichen von akuten zu überwiegend chronisch-körperlichen und von somatischen zu psychischen Auffälligkeiten verschoben habe (14. Kinder- und Jugendbericht, S. 142).

So hat sich die Inanspruchnahme Sozialpädagogischer Familienhilfen zwischen 1995 und 2010 deutschlandweit auf 164.000 mehr als verdoppelt, wobei es den größten Anstieg zwischen 2006 und 2010 gab.

Fast verdoppelt hat sich auch die Zahl der Sozialen Gruppenarbeit (nach § 29 KJHG) von ca. 8700 1995 auf 16.000 Fälle im Jahre 2010 und die Zahl der Sozialpädagogischen Tagesgruppen (nach § 32 KJHG) von 14.851 (1995) auf 26.221 (2010).

Mehr als verdoppelt hat sich die Anzahl der Erziehungsbeistandschaften (nach § 39 KJHG) von 21.400 (1995) auf 51.265 (2010), verdreifacht sogar die Zahl der Intensiven Einzelbetreuung (nach § 35 KJHG) von 2100 (1995) auf 6319 (2010).

Zwischen 2008 und 2010 stiegen die Eingliederungshilfen für seelisch behinderte Kinder und Jugendliche (§ 35a KJHG) von 46.873 auf 55.903, davon waren 68,2 % Jungen (vgl. Seithe und Heintz 2014, S. 69 f.).

Bei einer hohen Prävalenz von psychischen Störungen in den Regelgruppen der Jugendhilfe ist klar, dass diese Kinder und Jugendlichen auch dort betreut und gefördert werden müssen. Aber eben nicht nur dort.

1.2 Wie reagiert die Pädagogik heute für morgen?

Die oben genannten Zahlen zeigen, dass die Gesetzgeber*innen einen Strauß ambulant oder stationär angebotener Maßnahmen für unterschiedliche Probleme und unterschiedliche Zielgruppen bereithalten:

Zu nennen sind bei den ambulanten Diensten die Gruppenarbeit oder die Einzelbetreuung mit Kindern und Jugendlichen, die Familienhilfe und Erziehungsbeistandschaften, in denen Eltern mit einbezogen sind.

Wenn die Beziehung zu den Eltern zerrüttet ist, gibt es auch die stationären Aufenthalte von Kindern und Jugendlichen in Heimen, Wohngruppen oder Adoptivfamilien.

In Österreich werden stationäre Erziehungshilfen ‚Volle Erziehung' genannt. 0,9 bis 1 % aller Kinder und Jugendlichen von 0 bis 21, aber 1,68 % der 14–17-jährigen haben diese Hilfen in sozialpädagogischen Einrichtungen oder Pflegefamilien in Anspruch genommen.

Die Zahl der deutschen Kinder und Jugendlichen, die alle hier erwähnten Angebote in Anspruch nehmen, liegt in Deutschland bei 1 Mio., das sind etwa 6 % aller Personen unter 21.

In Österreich liegt der Anteil von Kindern und Jugendlichen unter 21, die Erziehungshilfen, Volle Erziehung, Soziale Dienste oder eine Einzelfallberatung im Streetwork oder der mobilen Jugendarbeit in Anspruch nehmen bei insgesamt 8 %. Das sind 110.000 Buben und Mädchen (Österreichisches Bildungsministerium 2012).

Im Jahre 2010 waren in Deutschland 730.000 Menschen in der Kinder- und Jugendhilfe beschäftigt (davon aber mehr als die Hälfte in Teilzeit). Für sie und ihre Leistungen wurden 2013 30 Mrd. € ausgegeben (Duschek et al. 2016).

In Österreich lagen die Ausgaben 2017 (ohne Personalkosten!) für Unterstützung der Erziehung, Volle Erziehung und Hilfen für Kinder, Jugendliche und junge Erwachsene bei 633,5 Mio. € (Österreichisches Bundeskanzleramt 2018).

Das sind viele professionelle Kräfte und viel Geld. Daher erwarten die Steuerzahler*innen und die Politik, dass diese auch effizient wirken.

Die viel zu wenigen Evaluationen kommen zu differenzierten Befunden:

Positiv in jedem Fall ist die aufsuchende Familienarbeit – seien sie im Rahmen der „Frühen Hilfen", des Familienaktivierungsmanagements oder der Aufsuchenden Familientherapie.

Diese, wie auch andere Formen der Sozialpädagogischen Familienhilfe erfordern jedoch – wie Frindt (2010, S. 39) festgestellt hat – „ein breit angelegtes methodisches Instrumentarium und weit gefächerte Interventionsstrategien" sowie Teamarbeit, Supervision und Fortbildungen.

Angesichts hoher Fallzahlen und nicht immer adäquater Finanzierung, können diese Anforderungen jedoch nicht immer eingehalten werden.

Auf der anderen Seite werden von den Hilfen zur Erziehung gerade einmal 60 % planmäßig beendet, was anzeigt, wie schwierig die Gewährung von Hilfen ist (Fendrich et al. 2012).

Unabhängig von der Arbeit der Sozialarbeiter*innen und Sozialpädagog*innen in diesen Bereichen der Kinder- und Jugendhilfe müssen sich auch Erzieher*innen in Kindergärten, Lehrer*innen in Schulen oder Sozialarbeiter*innen in der Jugendarbeit neben der Vermittlung von Wissen mit den (nicht) vorhandenen Sozialkompetenzen mancher Kindergartenkinder, Schüler*innen oder Jugendlichen auseinandersetzen.

Und sie sind dabei oft überfordert. Das liegt auch daran, dass Schulsozialarbeit zwar an Anerkennung und Bedeutung gewonnen hat, aber noch immer nicht Standardeinrichtung an den Schulen ist. Und das obwohl Studien ihre positive Wirkung auf die Schüler*innen belegt haben. Schulsozialarbeit hilft demnach nicht nur den Kindern und Jugendlichen, sondern bezieht auch deren Eltern in den Hilfsprozess ein (Speck und Olk 2010).

Laut dem 14. deutschen Kinder- und Jugendbericht sind Qualitätsstandards für Bildung, Betreuung und Erziehung in allen Phasen der Kindheit weiterhin ausbaufähig. So fordern die Autor*innen des Berichts „Regelungen darüber, wie Kinder vor Gewalt, insbesondere vor sexueller Gewalt, geschützt werden können". Zudem sei „eine zielgruppensensible

1

Angebotsgestaltung, gerade mit Blick auf heterogene Zielgruppen" notwendig. Im 15. deutschen Jugendbericht wird kritisiert, dass es in den Ganztagsschulen an pädagogischen Konzepten und interprofessioneller Vernetzung mit der Kinder- und Jugendhilfe mangele, um den Herausforderungen des Heranwachsenden zu begegnen.

Nimmt man die aktuelle Konfrontation mit vielen traumatisierten Kindern und Jugendlichen (z. B. den unbegleiteten minderjährigen Flüchtlingen) hinzu, ist es nicht verwunderlich, dass auch die Kinder- und Jugendhilfe neue Konzepte braucht, um den in besonderem Maße Jugendliche, die in heraus(über)fordernde Lebensereignissen waren und sind, gerecht werden zu können.

Daher sollte eine Ausweitung und Übertragung von schemageleiteten Handlungsansätzen das Ziel der Entwicklung von allen störungsspezifischen pädagogischen Konzepten für die Kinder- und Jugendhilfe sein.

Wir sind überzeugt, dass dieses Konzept die oben geforderten breit angelegten methodischen Instrumentarien, die interdisziplinäre Teamarbeit und Vernetzung sowie die Supervision in sich trägt und so einen guten Beitrag zu einer verbesserten Kinder- und Jugendhilfe leisten kann.

1.3 Aus der Schematherapie in die schemageleitete Pädagogik

Die Schemageleitete Pädagogik stellt ein ganzheitliches Instrumentarium dar, um in der heutigen Gesellschaft den neuen Anforderungen der Kinder- und Jugendhilfe gerecht werden zu können.

In der täglichen Arbeit mit den Kindern und Jugendlichen werden vom Personal immer mehr Fachwissen, interdisziplinäres Denken, Intervision, Weiterbildung, Supervision erwartet: neue Zugänge, neue Wege.

Aber auch gute, alt bewährte Methoden sollen ihren Rahmen in der schemageleiteten Pädagogik finden.

Um mit den Kindern und Jugendlichen professionell und wirksam arbeiten zu können, bedarf es einer Zusammenführung zu einem neuen Konzept und deren Übersetzung in die Praxis. Häufig wird ein Methodenbegriff rein theoretisch besetzt und als Fortbildung angeboten, ohne daraus praktische Handlungskonsequenzen in Kindergärten und Schulen oder pädagogische Konzepte für den Alltag der Kinder- und Jugendhilfe abzuleiten.

Wir verstehen Schemageleitete Pädagogik somit als die konsequente Anwendung des aktuellen Wissensstandes über die Folgen und Symptome von stark belasteten Kindern und Jugendlichen mit ihren Familiensystemen, zur Gestaltung des sozialpädagogischen Alltags.

Besonders zu erwähnen ist hier die Notwendigkeit einer intensiven Elternarbeit und der Arbeit mit unterschiedlichen Hilfssystemen im multiprofessionellen Team. Denn selbstverständlich benötigen diese Kinder in der Regel beides, sowohl eine intensive Psychotherapie, psychologische Behandlung, Begleitung und Anleitung als auch eine intensive pädagogische Betreuung. Diese beiden Bereiche müssen deshalb Hand in Hand arbeiten, einen engen Austausch pflegen und zu einer gemeinsamen Falldefinition in der Praxis kommen.

Schemageleitete Pädagogik muss mehr sein als Pädagog*innen, Psycholog*innen und Therapeut*innen eine schemageleitete Grundlage zu geben. Sie stellt ein wichtiges Signal für die Mitarbeiter*in dar, es verdeutlicht, dass ihre Arbeit und ihr Engagement die zentralen Wirkfaktoren darstellen. Ohne eine deutliche Stabilisierung im pädagogischen Bereich wird niemals eine erfolgreiche Psychotherapie möglich sein. Ziel der Schemageleiteten Pädagogik ist es daher, die Kompetenz der Sozialpädagog*innen im Umgang mit Modi, Schemata etc. und deren Symptomen zu vermitteln, alternative Verhaltensweisen im Alltag der Kinder und Jugendlichen zu fördern und die Elternarbeit zu gestalten.

Im Rahmen von freizeit- und erlebnispädagogischen Interventionen wollen wir gezielt an den aus negativen Erfahrungen resultierenden Grundproblematiken des Alltags innerhalb des schemageleiteten Rahmens arbeiten.

Was genau all diese Begriffe (Schema, Modi etc.) bedeuten und wie diese Interventionen praktisch erfolgen, wird Ihnen in den folgenden Kapiteln nahegebracht.

Folgen Sie uns bitte!

1.4 Folgen Sie uns bitte: Ein kurzer Weg durch das Buch

In ▶ Kap. 2 werden die Grundlagen der Schemageleiteten Pädagogik (SP) erläutert. Zunächst wird die von Jeffrey E. Young entwickelte Schematherapie mit ihren Grundbegriffen der Schemata und der Modi von Kindern und Erwachsenen vorgestellt (Young et al. 2008). Dann werden die vier Säulen der SP (Ressourcenarbeit/Psychoedukation; Fallkonzeption; Elternarbeit; Hinzuziehen von Expert*innen) dargestellt.

Das Handwerkszeug und das systematische Vorgehen der SP wird im folgenden Schritt präsentiert, bevor dann eine Zusammenfassung die wesentlichen Erkenntnisse erfasst und in den Praxisteil, der das Kernstück des Buches bildet, überleitet.

In ▶ Kap. 3 werden jeweils Praxisbeispiele aus den Institutionen Kindergarten, Schule und Kinder- und Jugendhilfen sowie die Möglichkeiten der Gesundheitsförderung präsentiert:

- Früh übt sich … Anwendungen im Kindergarten
- Das Miteinander lernen … Anwendungen in der Schule
- Anwendungen in der Kinder- und Jugendhilfe
- Zusatznutzen: Wie Schemapädagogik Gesundheit fördert

Alle Praxisbeispiele beginnen mit einem Problemaufriss der jeweils altersspezifischen, das Zusammenleben erschwerenden Verhaltensweisen (z. B. aggressives oder gewaltbereites Verhalten). Oder im letzten Unterkapitel die Beschreibung, wie eine seelische Erkrankung, z. B. Burn-out, die übrige Gesundheit beeinträchtigt.

Im zweiten Schritt werden dann die entsprechend angepassten pädagogischen Methoden und die Anforderungen für die jeweiligen pädagogischen Berufsgruppen erläutert.

Im dritten Schritt werden jeweils konkrete Praxisbeispiele aus der Arbeit in Kindergarten, Schulen und Kinder- und Jugendhilfe sowie der Gesundheitsförderung vorgestellt und durch Arbeitsmaterialien für die Praxis abgerundet.

Im vierten Schritt wird die Schemageleitete Kindergeschichte vorgestellt, die eine praxisorientierte Ergänzung für die Schemageleitete Pädagogik aufzeigt.

Im Anhang werden Adressen von Instituten, Fortbildungsanbietern, Verbänden, Vereinen usw. zusammengetragen, die für die Leser*innen für weitere Informationen oder Weiterbildungen genutzt werden können.

Eine Liste der verwendeten und darüber hinaus gehenden Literatur vervollständigt das Buch und hilft dabei, an dem Thema weiter zu arbeiten.

1

Literatur

Duschek, K. J., Pfaff, H., & Rübenach, S. (2016). Soziale Sicherung. In Statistisches Bundesamt/Wissenschaftszentrum Berlin für Sozialforschung (Hrsg.), *Datenreport 2016 – Ein Sozialbericht für die Bundesrepublik Deutschland* (S. 315–333). Bonn: Bundeszentrale für politische Bildung.

Fendrich, S., Pothmann, J., & Tabel, A. (2012). *Monitor Hilfen zur Erziehung 2012*. Dortmund: Arbeitsstelle Kinder- und Jugendhilfestatistik (AKJStat).

Frindt, A. (2010). *Entwicklungen in den ambulanten Hilfen zur Erziehung. Aktueller Forschungsstand und strukturelle Aspekte am Beispiel der Sozialpädagogischen Familienhilfe*. München: DJI.

Österreichisches Bildungsministerium. (2012). *Lehrplan der Volksschulen 2012*. Wien: Österreichisches Bildungsministerium.

Österreichisches Bundeskanzleramt. (2018). *Kinder- und Jugendhilfestatistik 2017*. Wien: Österreichisches Bundeskanzleramt.

Seithe, M., & Heintz, M. (2014). *Ambulante Hilfe zur Erziehung und Sozialraumorientierung. Plädoyer für ein umstrittenes Konzept der Kinder- und Jugendhilfe in Zeiten der Nützlichkeitsideologie*. Opladen: Budrich.

Speck, K., & Olk, T. (Hrsg.). (2010). *Forschung zur Schulsozialarbeit. Stand und Perspektiven*. Weinheim: Juventa.

Young, J. E., Klosko, J. S., & Weishaar, M. E. (2008). *Schematherapie: Ein praxisorientiertes Handbuch* (2. Aufl.). Paderborn: Junfermann.

Auf dem Weg zu einer Schemageleiteten Pädagogik

© Springer Fachmedien Wiesbaden GmbH, ein Teil von Springer Nature 2020
C. Pommer, D. Zöhling, *Schemageleitete Pädagogik im Kinder- und Jugendbereich*,
https://doi.org/10.1007/978-3-658-26547-2_2

2

Begründer der Schematherapie ist der US-amerikanische Psychologe und Psychotherapeut Jeffrey E. Young. Er bemerkte in seiner Arbeit, dass psychische Störungen, die in frühem Alter auftreten, bereits verfestigte kognitive Muster und eine gestörte Regulierung der Gefühle aufweisen.

2.1 Hintergrund: Schematherapie

Begründer der Schematherapie ist der US-amerikanische Psychologe und Psychotherapeut Jeffrey E. Young. Er bemerkte in seiner Arbeit, dass psychische Störungen, die in frühem Alter auftreten, bereits verfestigte kognitive Muster und eine gestörte Regulierung der Gefühle aufweisen.

Die bis dato vorherrschenden Methoden der kognitiven Umstrukturierung führten in diesen Fällen nicht zu einem langfristig andauernden Abklingen der Symptome oder einer Veränderung des Verhaltens.

Young suchte daher nach anderen Ansätzen und setzte sich mit einigen Methoden der Gestalttherapie (Stuhldialoge), der Hypnotherapie (Imagination) und mit der Bindungstheorie (Limited Reparenting-Concept) auseinander und führte diese zum Konzept der Schematherapie zusammen.

Schematherapie integriert damit Elemente der Kognitiven Therapie, der Verhaltenstherapie, der Theorie der Objektbeziehungen und der Gestalttherapie zu einem einheitlichen, systematischen Therapieansatz.

Der Fokus des Ansatzes liegt auf emotionalen Prozessen, biografischen Aspekten und der Beziehung zwischen Therapeut*in und Klient*in. Bei Kindern und Jugendlichen kommt eine intensivierte Psychoedukation, also die therapeutische Arbeit mit den Heranwachsenden **und** ihren Eltern, die Elternarbeit („Schema-Coaching") und die Anwendung kindgerechter und altersangemessener Methoden hinzu.

Wichtig in der Schematherapie sind die Kern- und Grundbedürfnisse, die in ◘ Abb. 2.1 dargestellt werden. Es müssen in der Kindheit eines Menschen nicht stets alle Kernbedürfnisse erfüllt sein, um gesund und resilient auf- und heranzuwachsen, aber

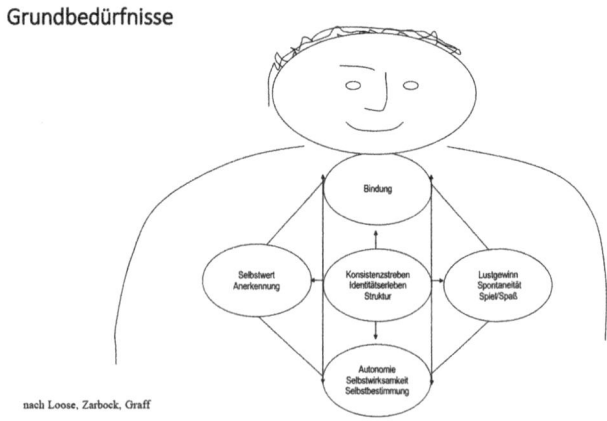

◘ **Abb. 2.1**   Grundbedürfnisse (S. 25 Schematherapie mit Kindern und Jugendlichen/Loose, Graaf, Zarbock)

bei psychisch gefährdeten oder auffälligen Heranwachsenden sind einige dieser Bedürfnisse nachhaltig unbefriedigt gewesen. Sie sind damit ein wichtiger Anknüpfungspunkt für die Schematherapie. Deren Ziel ist es, die zuvor fehlende Befriedigung der Bedürfnisse der Person in der Therapie nachholend zu erleben und so ein stabileres, entscheidungsfreudigeres, seinen eigenen Gefühlen und den Gefühlen anderer gegenüber bewussteres Ich zu entwickeln.

Schematherapie ist dann angezeigt, wenn

- der Klient/die Klientin keine Belastungslinderung erkennen lässt, bei anderen Therapiemethoden nicht mitarbeitet,
- wiederholt keine therapeutischen Hausaufgaben erledigt,
- Selbststeuerungsstrategien nicht annimmt oder umsetzen kann,
- Emotionen und Kognitionen, die mit dem Problemverhalten zusammenhängen, vermeiden möchte,
- geringe Selbstkontrollfähigkeiten zeigt,
- eine mangelnde Bereitschaft aufweist, sich selbst zu beobachten,
- beharrlich an starren Verhaltensweisen und Einstellungen festhält.

Anwendbar ist die Schematherapie z. B. bei Störungen des Sozialverhaltens, Depression, Angststörungen, Zwangsstörungen, Essstörungen oder Persönlichkeitsstruktur nach dem eines Borderline-Typus (→ Weiterführende Literatur im Anhang).

Nicht angezeigt ist sie bei akuter Selbstmordgefahr, bei lebensbedrohlichem Untergewicht bei Magersucht, bei aktuellem Drogenmissbrauch oder bei einer akuten Psychose.

Die grundlegenden Begriffe der Schematherapie – Schemata, Modus-Modell, Bedürfnisse, Bewältigungs-Strategien und die im Mittelpunkt stehende Klientenzentrierte Beziehung – werden im folgenden Abschnitt zur Schemageleiteten Pädagogik ausführlich erläutert.

2.2 Was ist Schemageleitete Pädagogik?

Kurz und knapp gesagt will die Schemageleitete Pädagogik (SP) die Grundbegriffe der Schematherapie in die pädagogische Praxis von der Kita bis zur Schule und darüber hinaus überführen.

Bevor die Grundbegriffe und ihre Umsetzung in die pädagogische Praxis näher erläutert werden, muss an dieser Stelle kurz darauf eingegangen werden, was Schemageleitete Pädagogik NICHT ist.

So ist sie keine **Traumapädagogik** (im Sinn von Wilma Weiß bzw. Michael Bonbonus und Oliver Schubbe), obwohl sehr viele Methoden und Ansätze sehr ähnlich sind, etwa die Interdisziplinarität, die Förderung des Selbstverstehens, der Körper- und Sinneswahrnehmung, der Emotionsregulation und der Resilienz sowie die Elternarbeit (Zimmermann et al. 2017; Gahleitner 2016; Huber und Orville 2015). Der Schwerpunkt der Traumapädagogik liegt jedoch auf der Bearbeitung von Traumafolgen, die häufig, aber nicht immer für psychisch auffällige Schemata ursächlich sind.

In der Schemageleiteten Pädagogik werden Traumata zwar in Betracht gezogen, stehen aber nicht ursächlich im Fokus. Dazu bedarf es einer behutsam angelegten und reichlich traumafundierten Therapien.

An dieser Stelle wollen wir auch kurz auf die **Schemapädagogik** nach Markus Damm eingehen, eine Richtung, die ähnlich klingt, ähnlich ist, aber auch ein wenig anders.

Nach Markus Damm (2010) diagnostiziert die Schemapädagogik die nachteiligen Schemata und hilft dabei, Wahrnehmungsverzerrungen und Manipulationen in der Bearbeitungsstrategie zu reduzieren, indem bei den Heranwachsenden die Einsicht in ihr problematisches Verhalten und ihre Selbstkontrolle gefördert wird.

Wir beschäftigen uns mit den Schemata, insbesonders mit den Modi und sind der Ansicht, dass Schemata von Kindern und manifeste Schemata von Erwachsenen nicht in gleicher Weise zu behandeln sind. Schließlich geht es vorrangig darum, Veränderungen im alltäglichen Verhalten zu bewirken.

Ein Schwerpunkt unserer Arbeit liegt in den Schemata- bzw. Metaclashes (Zusammenstöße), die zwischen Kindern und Erwachsenen stattfinden. Psychoanalytisch formuliert geht es um Phänomene, wie die Übertragung und Gegenübertragung, die projektive Identifikation oder das analytische Konfliktmodell. Diese Clashes werden von uns mittels Modi (z. B. verletztes Kind-Ich vs. strenger Erwachsener) bearbeitet.

Wir stehen für ein ganzheitlich betrachtendes schemageleitetes System, mit ihren vier Säulen, in denen die Arbeit mit den Kindern und Jugendlichen mit Elternarbeit verknüpft ist.

Das gilt vor allem auch bei der Fokussierung auf regelmäßige Supervision und Intervision, d. h. in unserer Säule 4, wodurch wir uns von anderen Herangehensweisen abgrenzen und unser klar strukturiertes Vorgehen als Rahmen für die Praxis anwendbar machen.

2.2.1 Eigene empirische Studie

Es gibt bisher vergleichsweise wenige Studien über die Schemageleitete Pädagogik. Deshalb sind wir gerade selbst dabei, eine entsprechende empirische Studie zu erstellen (Zöhling und Pommer 2018). Die ersten Ergebnisse sind sehr vielversprechend: Die Pädagog*innen, die wir in Niederösterreich in Schemageleiteter Pädagogik fortgebildet hatten, waren nach unseren Befragungen und teilnehmenden Beobachtungen in ihrer Haltung gegenüber den Kindern und Jugendlichen sehr selbstreflektiert und achtsam, was sich auch positiv auf die Heranwachsenden, mit denen sie arbeiteten, ausgewirkt hat. Auch Frau Univ.-Prof. Dr. Lueger-Schuster und ihr Team, der Universität Wien, führen eine 3 jährige begleitende Studie in den NÖ-SBZ durch.

Nach diesen grundsätzlichen Ausführungen nähern wir uns nun den Grundbegriffen der Schematherapie und Schemageleiteten Pädagogik.

2.3 Grundbegriffe: Schema, Modus und manch anderes

2.3.1 Schema

Der Begriff des Schemas lässt sich wie folgt definieren: Es handelt sich dabei um eine jeder Person innewohnenden Ansammlung aus Erinnerungen, Kognitionen, Emotionen und Körperreaktionen.

Die Schemata sind sozusagen die Brille, mit der Menschen ihre Umwelt filtern und bewerten. Die Brille wird geformt durch das Erleben verschiedener Situationen in der

Kindheit, in denen die eigenen Bedürfnisse positiv oder negativ angenommen wurden. Die Situationen können insofern als frustrierend oder bedrohlich wahrgenommen werden und einen seelischen Schmerz oder Empfindlichkeit auslösen. Oder sie können als angenommen werden und Geborgenheit wahrgenommen werden, was ein optimistisches und befähigtes Empfinden fördern kann.

Solche positiven oder negativen Schemata wirken wie Knöpfe, die in den verschiedenen Situationen des Alltags ein- und ausgeschaltet werden und so auf das jeweilige Verhalten einwirken.

2.3.2 Neurobiologischer Hintergrund zu Schemata

Diese Sichtweise nimmt Bezug auf Ergebnisse der Hirnforschung (vgl. Roth 2016; Thuyen et al. 2012), die ausgehend von neurobiologischen Abläufen auf den drei limbischen Ebenen und der kognitiven Ebene sechs psychoneurale Grundsysteme erkannt hat.

2.3.3 Grundsysteme: Stressverarbeitung, Beruhigung, Impulshemmung

So hängt das innere System, wie Stress verarbeitet wird, eng mit jenem zusammen, dass um sich selbst zu beruhigen, mit einer je nach Situation angemessenen Ausschüttung „schneller" Stresssubstanzen wie Adrenalin und Noradrenalin oder langsamer wirkenden Substanzen wie Cortisol und seinen Vorstufen zusammen. Dopamin spielt bei Impulshandlungen eine wichtige Rolle.

Kleinkinder müssen lernen, dass Belohnungen nicht immer unmittelbar und zeitnah erfolgen können. Zur Beruhigung und Impulshemmung trägt vor allem der Neurotransmitter Serotonin bei. Dessen Fehlen kann zu einer weniger gelungenen Stressverarbeitung und mangelnden Unterdrückung von schädlichen Handlungsimpulsen sich selbst oder anderen gegenüber führen.

2.3.4 Bewertungssystem

Ein weiteres Grundsystem ist jenes, das anzeigt, wie etwas bewertet wird.

Dazu müssen Erlebnisse und Handlungen registriert werden und daraufhin geprüft werden, welche Konsequenzen diese für das eigene Wohlergehen haben mag.

Nach der Bewertung ergibt sich das jeweilige eigene Verhalten. Neurobiologisch werden bei positiv bewerteten Geschehnissen hirneigene Opioide und Cannabinoide ausgeschüttet, die Gefühle der Freude, der Lust und des Vergnügens hervorrufen.

Bei unangenehmen Erlebnissen werden hingegen Neuropeptide ausgeschüttet, die wiederum Unlust oder sogar Schmerz bewirken.

Das Bewertungssystem wird in den ersten Lebensjahren aufgebaut und setzt auf die Erwartung, dass Belohnungen oder Strafen für eine eigene Handlung wiederholt werden.

Dabei wird zwischen Individuen unterschieden, die eher empfänglich sind für Belohnungen („extravertiert") und solche, die eher empfänglich sind für Bestrafungen („neurotizistisch").

2

Das bedeutet z. B. für Pädagog*innen oder Eltern, dass sie zum einen in ihrem Verhalten gegenüber Kindern und Jugendlichen authentisch und konsequent sein sollten und zum anderen, dass sie um die jeweilige individuelle Empfänglichkeit für Belohnung oder Bestrafung wissen.

2.3.5 Bindungssystem

Ganz wichtig für die Beziehung zu anderen ist das Bindungssystem. Es beginnt sich mit dem Kontakt des Säuglings mit der ersten Bezugsperson, meist der Mutter, zu entwickeln. Es nimmt hier den Ausgang, wie sich im weiteren Verlauf des Lebens der Mensch sich fühlt, sich und andere wahrnimmt, sich verhält und denkt, um Schutz und Fürsorge zu erhalten.

Aus neurobiologischer Sicht ist das Neuropeptid Oxytozin besonders wichtig für das Bindungssystem, denn es steigert den Wunsch, sich mit anderen Menschen auszutauschen, sich auf sie einzulassen und Vertrauen aufzubauen. Erst dadurch können innigere, vertrauensvolle Beziehungen zu anderen aufgebaut werden. Oder auch nicht.

2.3.6 Realitätssinn und Risikowahrnehmung

Ein letztes System ist jenes, mit dem die Realitäten und die darin enthaltenen Risiken wahrgenommen werden. Es entsteht insbesondere nach dem dritten Lebensjahr, einer Zeit, in der sich die kognitiven Fähigkeiten der Aufmerksamkeit und des Einsatzes des Gedächtnisses entwickeln. Neurobiologisch gesehen ist für die Aufmerksamkeit die Hirnsubstanz Noradrenalin zuständig, für die Gedächtnisleistungen hingegen die Sub-stanz Acetylcholin.

Es reicht freilich nicht aus, die Realität zu erkennen, es müssen auch die in ihr schlummernden Risiken wahrzunehmen und im Hinblick auf das eigene Handeln einzuordnen sein. Neurobiologisch wird diese Funktion des Gehirns dem sog. orbitofrontalen, ventromedialen und anterioren cingulären Kortex zugeordnet. Der Mensch bringt es erst zu Beginn des Erwachsenendaseins zu einer reifen Leistung in diesem Bereich.

Mit anderen Worten: Kinder und Jugendliche tasten sich sehr langsam an diese Funktion heran und werden „vernünftig" und benehmen sich hinsichtlich derer Risikoeinschätzungen so, wie es ihre Umgebung von ihnen erwartet.

2.3.7 Positive und negative Schemata

Schemata sind also latente Muster der psychoneuronalen Grundsysteme, die sich auf die Lebensführung, das Selbstbild und die Beziehung zu anderen Menschen auswirken (◘ Tab. 2.1).

Langfristige ungünstige Strategien zur Bewältigung der negativen Schemata („Emotionale Wunden") sind die Unterwerfung oder das Erdulden, die Vermeidung oder die Überkompensation. Sie werden u. a. durch traumatische Ereignisse verursacht, ein zu wenig oder auch ein zu viel an emotionalen Grundbedürfnissen oder auch eine Überforderung in den Ansprüchen.

◻ **Tab. 2.1** Positive und Negative Schemata (S. 55 Schematherapie mit Kindern und Jugendlichen/Loose, Graaf, Zarbock)

	Negative (maladaptive) Schemata	Positive (adaptive) Schemata	Grundbedürfnisse
1	Emotionale Entbehrung	Angenommen sein	Bindung
2	Verlassenheit/Instabilität	Verbundenheit & Stabilität	Bindung
3	Misstrauen/Missbrauch	Vertrauen	Bindung
4	Isolation	Zugehörigkeit	Bindung
5	Unzulänglichkeit/Scham	Selbstwert & Stolz	Bindung
6	Erfolglosigkeit/Versagen	Erfolg, Zutrauen& Selbstwirksamkeit	Autonomie/Selbstwirksamkeit
7	Abhängigkeit/Inkompetenz	Unabhängigkeit/Kompetenz	Autonomie/Selbstwirksamkeit
8	Verletzbarkeit	Sicherheit & Unversehrtheit	Autonomie/Selbstwirksamkeit
9	Verstrickung/Unentwickeltes Selbst	Individualität	Autonomie/Selbstwirksamkeit
10	Anspruchshaltung/ Grandiosität	Rücksicht & Respekt (Genügsamkeit)	Identität/Struktur/Grenzen
11	Unzureichende Selbstkontrolle/Selbstdisziplin	Gesunde Selbstkontrolle und Selbstdisziplin	Identität/ Struktur/Grenzen
12	Unterordnung/Unterwerfung	Gleichwertigkeit	Selbstwert/Anerkennung
13	Aufopferung	Selbstfürsorge	Selbstwert/Anerkennung
14	Streben nach Zustimmung und Anerkennung (Beachtung- Suchen)	Gelassenheit & Souveränität	Selbstwert/Anerkennung
15	Emotionale Gehemmtheit	Spontaneität	Lustgewinn/Spontaneität/Spiel
16	Überhöhte Standards (unerbittliche Ansprüche)	Realistische Standards und Erwartungen	Lustgewinn/Spontaneität/Spiel
17	Negatives Hervorheben/ Pessimismus	Optimismus	Lustgewinn/Spontaneität/Spiel
18	Strafneigung	Nachsicht & Toleranz	Lustgewinn/Spontaneität/Spiel

Zu diesen sozialen und sozialpsychologischen Gründen gesellen sich genetisch gegebene Eigenschaften wie das Temperament.

Positive Schemata sind u. a. Angenommensein, Vertrauen, Selbstwert und -bewusstsein, Optimismus, Erfolg, Respekt gegenüber anderen und Gelassenheit.

Die Forschung hat etwa 18 Schemata entdeckt, die den fünf Grundbedürfnissen zugeordnet sind. Sie können negativ (maladaptiv) oder positiv (adaptiv) sein (siehe ◻ Tab. 2.1). An dieser Stelle können nicht alle Schemata im Einzelnen angesprochen werden. Sie werden im Fortgang des Buches immer wieder auftauchen.

Wichtig ist, dass die negativen, wie die positiven Schemata den Grundbedürfnissen zugeordnet werden. All diese Informationen werden im Schaubild auf der folgenden Seite übersichtlich zusammengefasst.

2.3.8 Schemamodus, kurz: Modus

Nun gibt es in der Schematherapie neben den Schemata auch Modi, was nicht selten für eine gewisse Verwirrung sorgt.

2

Als Schemamodus, oder kurz: Modus, werden „jene (…) Schemata oder Schema-operationen bezeichnet, die bei einem Menschen in einem konkreten Augenblick aktiv sind." (Young et al. 2008, S. 75). Ein Modus stellt dabei ein Bündel aus miteinander ver-flochtenen Emotionen, Kognitionen, Körperempfindungen und Handlungstendenzen dar. In Analogie zu den Schemata gibt es positive und negative Modi. Kurz: Das Schema ist der Wesenszug und der Modus dessen aktuelle Anwendung.

Für Loose und Kolleg*innen sind Modi jene „Gesichter", die gewohnheitsmäßig als Reaktion auf Umweltreize und -bedingungen „aufgesetzt werden", um die jeweilige Rolle im Schauspiel des Lebens zu spielen.

Bei der konkreten Modusarbeit innerhalb der Schematherapie sollen im konkreten Handeln die positiven Modi (denen ein Name gegeben wird) eingesetzt werden, um die negativen Modi (denen ebenfalls ein Name gegeben wird) in ihrer Wirkmächtigkeit bei psychisch auffälligen Kindern und Jugendlichen einzudämmen. Dabei ist es wichtig, dass auch die Pädagog*innen ihre Schemata und Modi kennen, um ein problematisches Aufeinandertreffen negativer Schemata in der Beziehung zweier Menschen zu ver-meiden (Schemata- bzw. Meta-Clashes).

Wie das genau funktioniert, wird weiter unten erklärt.

Haben Sie ein wenig Geduld! Wir kommen der Sache näher.

2.4 Vier Säulen für die Praxis

Die Schemageleitete Pädagogik (SP) ist ein ganzheitliches, interdisziplinär gedachtes Konzept, bei dem Kindergärtner*innen, Erzieher*innen, Sozialpädagog*innen, Leh-rer*innen und Psycholog*innen und Psychotherapeut*innen zusammenarbeiten. Um eine effiziente Kooperation zu gewährleisten, ruht SP in ihrer Praxis auf vier Säulen:

- *Ressourcenarbeit/Psychoedukation/soziales Kompetenztraining*
- *Fallbesprechung*
- *Elternarbeit*
- *Hinzuziehung von Expert*innen (inkl. Supervision)*

Abb. 2.2 gibt einen Überblick über die vier Säulen, die den ganzheitlichen Transfer von der Theorie in die Praxis liefern sollen.

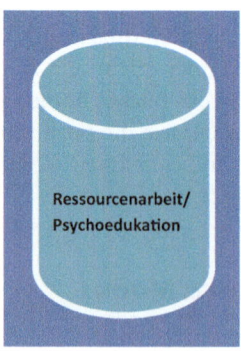

Ziel ist es, die Heranwachsenden in einem multiprofessionalen Ansatz verstehen zu lernen. Dabei sollen nicht nur die Schemata und Modi der Betreuten, sondern auch die der Pädagog*innen in den Blick genommen werden, weil nur so die Wirksamkeit ganz-heitlich erfasst werden kann.

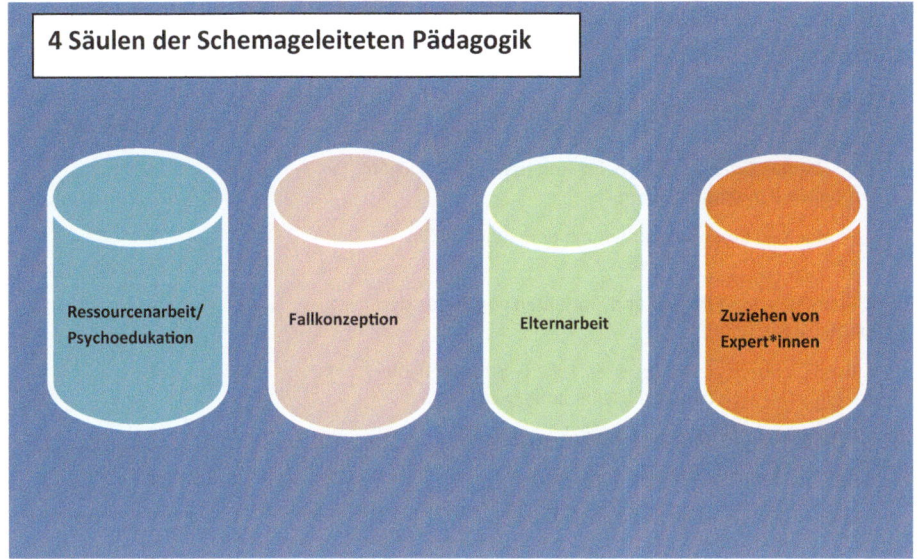

4 Säulen der Schemageleiteten Pädagogik

Ressourcenarbeit/ Psychoedukation

Fallkonzeption

Elternarbeit

Zuziehen von Expert*innen

◘ Abb. 2.2   Vier Säulen der Schemageleiteten Pädagogik. (Von den Autorinnen)

Die erste Säule dient Ressourcenarbeit und Psychoedukation.

Eine gute Zusammenarbeit zwischen den verschiedenen beruflichen Gruppen benötigt eine effiziente Koordination der Arbeit. Es muss je nach Falllage überlegt werden, welche professionelle Kraft für welche Situation und zu welcher Zeit die geeignetste ist.

Der auf einer im interdisziplinären Team erstellten Diagnose beruhende Plan baut auf die Grundbedürfnisse nach Grawe auf. Dieser besteht aus Ressourcenarbeit (der Mensch lernt nur über Positives!) und einer genauen Fallkonzeption (d. i. die zweite Säule, s. u.).

Es ist daher eine Betreuungsplanung für die Pädagog*innen notwendig, die über einen Leitfaden oder Booklet organisiert wird. Darin können – wie die untere Tabelle veranschaulicht – die jeweiligen Aufgaben in den einzelnen Arbeitsphasen eingetragen werden. Es wird ersichtlich, wer für welche Aufgabe qualifiziert ist. So ist das Bewältigen von Schwierigkeiten in der Arbeit mit Kindern und Jugendlichen eine Aufgabe der Psycholog*innen und Therapeut*innen. Gleiches gilt, wenn bei den Heranwachsenden schwere Traumata, Missbrauchs- oder Gewalterfahrungen vorliegen (◘ Tab. 2.2).

An dieser Stelle soll nochmals explizit festgehalten werden, dass die Exploration oder sogar die Bearbeitung von traumatischen Erlebnissen nicht pädagogische Aufgabe sein darf und dieser Versuch ressourcenverbrauchend ist!

Inhaltlich geht es bei der Ressourcenarbeit und Psychoedukation um die Erschließung der Ressourcen eines Heranwachsenden, also seiner Stärken, dessen, was diese/r als Erfolg wertet, welche Ziele und Glaubenssätze verfolgt werden (könnten) und welche Bedürfnisse dadurch befriedigt werden. Je nach Altersstufe werden unterschiedliche Mittel angewendet, um diese Aufgaben altersgemäß durchzuführen.

Diese werden weiter unten näher ausgeführt.

Psychoedukation, also die Vermittlung von fundiertem Wissen in Bezug auf die problematische Situation, oder/und der psychischen Erkrankung soll eine korrekte und hilfreiche Info für Betroffene darstellen.

2

❏ Tab. 2.2 Abgrenzung Ressourcenarbeit Pädagog*in/Psycholog*in/Therapeut*in. (Von den Autorinnen)

THEMA	Pädagog*in	Psycholog*in/ Therapeut*in
1. 10 positive Eigenschaften beim Kind bzw. Jugendlichen erarbeiten (Fingerdarstellung)	x	X
2. Erfolge und Ressourcenarbeit mit dem jungen Menschen	x	X
3. Benennen von Erfolgen und Erarbeiten von Zielen des jungen Menschen	X	x
4. Gute Glaubenssätze erarbeiten; Hilfe organisieren, die der junge Mensch benötigt (Helfer benennen)	X	X
5. Bedürfnisse mit jungen Menschen erarbeiten	X	X
6. Modus-Modell erarbeiten	X	X
7. Modus-Interview und Modus-Eigenschaften		X
8. Modusbegrenzung – Modusaktivierung		X

Häufig wird Psychoedukation auf die Familienangehörigen ausgeweitet, da diese zum einen Helfer*innen sein können, zum anderen aber durch ihr Verhalten zu dem problematischen Verhalten des Heranwachsenden beitragen (siehe unten Elternarbeit) bzw. aufrechterhalten.

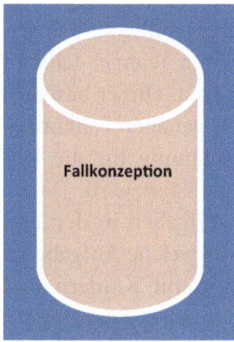

Die zweite Säule ist die Fallbesprechung.

Hier werden unter Anleitung des/der Teamleiters/in Modi und Schemata der Klienten und deren Bewältigungsstrategien erkannt und in ihrem Ablauf verstanden. Dabei hilft eine Checkliste im Leitfaden. Sie beginnt mit den Fragen:

Was ist das Problemverhalten? Was ist die Auslösesituation?

Durch gezieltes Fragen, oder etwa durch das Führen eines Tagebuchs, durch die Arbeit mit Karten oder andere Methoden, werden die Modi zusammengetragen, wahrgenommen, reflektiert, gewichtet und benannt.

Auf dieser Basis geschehen dann in Absprache mit den Heranwachsenden die Interventionen auf Modus-Ebene: Welcher Modus braucht am meisten Unterstützung und welcher Modus muss entmachtet werden? Wie kann ein Happy-Modus getriggert werden und wie kann aus beiden Akteuren – Kind/Jugendliche und Pädagog*innen – ein Clever-Team werden, das gemeinsam gute Bewältigungsstrategien entwickelt?

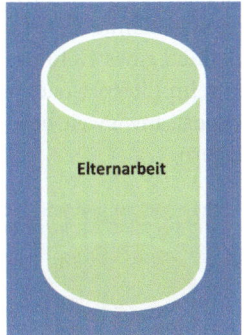

Die dritte, und für uns eine der wichtigsten Säulen, ist die Elternarbeit.

Wir nennen dies „Schema-Coaching für Eltern" und verstehen darunter eine Form der Erziehungsberatung und therapiebegleitenden Elternarbeit, die unter besonderer Berücksichtigung der Grundbedürfnisse, Schemata und Modi die Fähigkeiten der jeweiligen Familienmitglieder erweitert.

Eltern sollten ihre eigenen emotionalen Prozesse erfassen und reflektieren können. Allerdings kann bei ihnen ein „Knoten" oder eine Blockade vorliegen, die das Erreichen des Zielverhaltens verhindert. Also Schwierigkeiten bei den Eltern selbst, die der Bewältigung des Problems mit dem Kind im Weg stehen.

Die Arbeit mit Eltern ist dann angezeigt, wenn

- die üblichen Formen der Elternberatung, des Elterntrainings oder Familienhilfen nicht erfolgreich sind,
  - die bisherigen pädagogischen Vorschläge nicht fruchten bzw. nicht entlasten
- es gegensätzliche Reaktionen der Elternteile in Konflikten mit dem Kind gibt,
- es Hinweise auf besondere Kränkbarkeit bei Eltern gibt und
- Tendenzen zu strafender Erziehung vorliegen.

Nach den bisherigen Erfahrungswerten mit der Elternarbeit in Form von Schema-Coachings erhöht, diese Form die Wirksamkeit der klassischen Elternarbeit, z. B. beim Beziehungsaufbau zum Kind, Hilfestellungen zur Verbesserung der Grenz- und Durchsetzungsfähigkeit aufseiten der Eltern sowie Fürsorge und Anleitung bei problematischem Verhalten des Kindes.

Sie ist somit nicht Ersatz zur sonstigen sozialpädagogischen Elternarbeit, sondern eine sinnvolle Ergänzung in besonders schwierigen Situationen.

Das hängt vor allem damit zusammen, dass ein Abbau der maladaptiven Schemata bei Kindern häufig nicht möglich ist, wenn nicht auch ihre Eltern ihre eigenen maladaptiven Muster selbstkritisch hinterfragen und abbauen. Beide Muster halten sich nämlich ansonsten gegenseitig aufrecht (sog. Schemakollusion).

2

Das Ziel ist der Aufbau und die Stärkung des Anleitungs- und Fürsorgemodus. In der Schematherapie spricht man dann vom „Clever-Modus beim Kind und dem Modus des Gesunden Erwachsenen".

Konkreter bedeutet dies die Stärkung der Erziehungskompetenz der Eltern im Sinne eines wertschätzenden Erziehungsstils, einer konstruktiven Kommunikation mit dem Kind, eines positiven Modellverhaltens, eines effektiven Einsatzes von Belohnung, Lob und Ermutigung, Verantwortungsübernahme der Eltern, mehr an Gleichwürdigkeit, Authentizität, Integrität und schließlich eines Gefühls von Kompetenz und einer Förderung von Konfliktlösungsstrategien. Im Eltern-Coaching werden also auch die Schemata der Elternteile benannt und reflektiert, inwieweit bestimmte Verhaltensweisen des Kindes eigene emotionale Knöpfe triggern.

Die letzte Säule ist das Hinzuziehen von Expert*innen.

Da die SP von den beteiligten Pädagog*innen und Psycholog*innen/Therapeut*innen sehr viel Selbstreflexion und Auseinandersetzung mit eigenen Schemata und Modi verlangt, kann deren Arbeit persönlich belastend sein. Insofern ist es sinnvoll, sich regelmäßig und zusätzlich nach Bedarf den Rat von anderen Expert*innen hinzuzuziehen.

Diese können vertiefende Schulungen vornehmen, schemageleitete Supervision anbieten oder in einzelnen, womöglich besonders kniffligen, Fallbesprechungen hinzugezogen werden. Oder die Kolleg*innen können sich untereinander in einer Intervision beraten und nach Lösungen suchen.

Die SP in folgendes Phasenschema bringen:
1. Aufbau und Erhalt einer tragfähigen Beziehung zu den Heranwachsenden und ihren Eltern
2. Psychoedukation (Modus-Skizze; Inneres Team)
3. Emotionale Aktivierung (z. B. Fingerpuppenspiel, Freizeitpädagogik, Imagination-Techniken, Achtsamkeitsübungen)
   Als vorrangige Aufgabe von Therapie und Psychologie:
4. Verhaltensänderung, z. B. Techniken aus der Verhaltenstherapie
5. Selbsthilfe-Techniken

Nach diesem allgemeinen Überblick wollen wir nun den Methodenkoffer der SP weit öffnen und wichtige Methoden und Techniken herausgreifen und in ihren Grundzügen vorstellen. Wie diese je nach Altersstufe bzw. je nach Bildungsform (Kita, Schule, Jugendzentrum, ambulante oder stationäre Jugendhilfen) unterschiedlich angewandt werden, werden wir im umfangreichen Praxisteil anhand vieler Beispiele darstellen.

2.5 Der Methodenkoffer öffnet sich

Die vier Säulen sind das ganzheitliche Konzept der SP. Sie bauen aufeinander auf und/oder sind miteinander verschränkt.

Die Methoden und Instrumente der Ressourcenarbeit, der Selbstreflektion, also all das Handwerkszeug, das in dem sprichwörtlichen Methodenkoffer zu finden ist, werden in der Arbeit mit den Kindern und Jugendlichen ebenso verwendet wie bei den Eltern – natürlich altersgemäß angepasst.

Das Instrumentarium der Inter- und Supervision bezieht sich hingegen auf die Pädagog*innen und Psycholog*innen, damit diese eine reflektierte Interaktion zwischen sich und den anderen Akteur*innen (Heranwachsende und Eltern) eingehen und ihre eigenen Schemata und Modi so steuern können, dass sie den Arbeitsprozess nicht beeinträchtigen.

Öffnen wir den Koffer und entnehmen wir die wichtigsten Instrumentarien. Schauen wir sie uns erst einmal an, wie sie auf den ersten Blick aussehen und später im Praxisteil werden wir – je nach Altersstufe, Schulform oder Bildungsform sehen, wie sie praktisch genutzt werden.

2.5.1 Säule 1: Methoden der Ressourcenarbeit/Psychoedukation/ Soziales Kompetenztraining

Ressourcenarbeit bedeutet, sich der eigenen Stärken bewusst zu werden und sie zu fördern.

Um sie kennen zu lernen, werden 82 positive Eigenschaften vorgegeben, von denen die Heranwachsenden jene ankreuzen sollen, die sie für sich als gegeben annehmen. Sie dürfen auch Eigenschaften hinzufügen.

Dasselbe Formular können auch Eltern oder Freund*innen der Heranwachsenden ausfüllen, aber auch die Pädagog*innen, sodass ein Blick von außen das Bild über die Stärken vielschichtig werden lässt.

Das Kind oder die/der Jugendliche lernen viel über sich kennen und wie andere es einschätzen. Damit wird ihnen deutlich(er), auf welchen Eigenschaften sie aufbauen können. Mit der Fingerübung (d. h. Aufzeichnen der linken und der rechten Hand mit je fünf Fingern) werden die zehn wichtigsten Stärken einem jeden Finger zugeordnet. Sie sind die Grundlage des Clever-Modus, eine der wichtigsten positiven Modi. Durch das soziale Kompetenztraining in der Gruppe sollen die zwischenmenschlichen Fähigkeiten gefördert werden. Es findet Anwendung bei unsicher, ängstlichen-vermeidenden Kindern aber auch bei aggressiven Verhaltensweisen und soll das Miteinander stärken.

Die Heranwachsenden sollen auch darüber nachdenken, wo sie in der Vergangenheit und Gegenwart Erfolge erzielt haben („Meine Erfolge – Was ich schon geschafft habe!") und welche ihrer Eigenschaften dazu beigetragen haben. So wird ein gesundes Selbstbewusstsein trainiert. Aus dieser Rückschau soll ein Ausblick auf die Zukunft werden: „Meine Ziele – Was ich noch schaffen oder erreichen möchte – kurzfristig, mittelfristig, langfristig". Sind diese durchdacht, muss überlegt werden, wie sie erreicht werden können. Achtung ist jedoch bei schwer depressiven Kindern/Jugendlichen geboten. Hier ist die Hinzuziehung von Psychotherapeut*innen/Psycholog*innen unumgänglich.

Das Ziel oder die Ziele eines jungen Menschen wiederum werden sich an den eigenen Bedürfnissen orientieren. Diese sollen in sich stimmig sein und die Balance halten zwischen Bindungsfähigkeit, Selbstwertgefühl, Autonomie und Selbstkontrolle sowie Spiel und Spaß. Die Balance hat mit innerer Struktur und dem produktiven Wissen um die eigenen Grenzen, aber auch mit der eigenen Identitätsbildung zu tun (◘ Abb. 2.3).

Aber ist den Kindern und Jugendlichen bewusst, welche Bedürfnisse sie haben? Sie sollen es versuchen: „Bedürfnisse = das, was ich brauche". Was wünschen sie sich, um Bindungen zur Familie oder mit Gleichaltrigen eingehen zu können? Was brauchen sie, um Selbstwert zu erlangen oder autonom zu werden? Welche Identität wünschen sie sich?

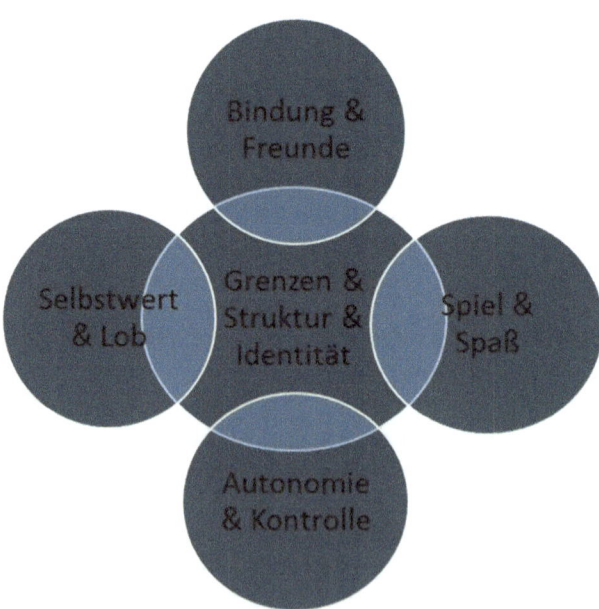

◘ **Abb. 2.3** Grundbedürfnismodell. (Von Autorinnen)

Sind die Bedürfnisse und ihre Wechselwirkungen klar, dann ist eine Grundlage geschaffen, ein individualisiertes Ideal, dem sich der junge Mensch mit seinen eigenen Ressourcen annähert.

Auf dem Weg zu diesen Zielen können innere Überzeugungen gute Ressourcen sein („Meine inneren Überzeugungen (Gute Glaubenssätze)"). Mehrere von diesen sollen formuliert und darüber nachgedacht werden, von wem die Inspiration zu diesen Überzeugungen stammen.

Schließlich wendet sich die Ressourcenarbeit einem aktuellen, kurzfristigen Ziel zu. „Welche Hilfe wünschst du dir von deinem Hilfsteam bei deinem aktuellen Ziel?" Jedes Mitglied des Hilfsteams notiert ebenfalls, warum sie glauben, dass ihr Schützling sein Ziel erreichen wird. Und diese/r wiederum notiert, wie sie oder er das Erreichen des Ziels feiern will und mit wem. Die inneren und äußeren Wegweiser sind aufgestellt, aber der Weg ist noch nicht beschritten worden.

2.5.2 Säule 2: Methoden der Fallkonzeption

In der Fallkonzeption konstituiert sich sozusagen das Hilfsteam. Es konzentriert sich auf ein Verhalten, das problematisch ist, bzw. das Erreichen des Ziels erschwert oder gar verhindert.

Wenn eine pädagogische oder gar therapeutische Hilfe notwendig ist, so liegt eine beachtliche Entfernung zwischen dem Ist-Zustand, also dem gegenwärtigen Verhalten eines Kindes oder Jugendlichen und dem Ideal-Zustand der Erfüllung der Bedürfnisse vor. Obwohl es wenig ansprechend klingt, so sprechen wir doch von einem individuellen „Fall", der besprochen und bearbeitet werden soll. Je psychologisch tief gehender die Aufgaben sind, desto klarer ist die Arbeitsteilung zwischen Pädagog*innen und Psycholog*innen/Therapeut*innen. Es bleibt der Selbsterkenntnis und Erfahrung geschuldet hier professionell zu entscheiden. Im Zweifelsfall Hilfe holen!

Im Mittelpunkt steht der Aufbau einer klientenzentrierten Beziehung. Die individuellen Bedürfnisse, die bereits erarbeitet wurden, werden über die Bewältigungsstrategien mit den Schemata und den Modi der Klienten in Verbindung gebracht. Schemata werden durch verschiedene Mittel erhoben: Die Heranwachsenden und ihre Eltern werden nach den wunden Stellen, den Knöpfen und maladaptiven Bewältigungsstrategien befragt.

Tipp

Wichtig dabei ist, heikle Familienkonflikte erst dann anzusprechen, wenn Bewältigungsstrategien im sozialen Miteinander außerhalb der Familie bereits erfolgreich angewendet worden sind!

Die Kinder sollen frei zeichnen, wie sie ihre Familie sehen, was ihr Lieblingsort ist oder ein schöner Traum war. Karten oder Zeichnungen helfen dabei, nahe an den Möglichkeiten der jeweiligen Altersstufe zu sein. Oder es hilft DISK, der sog. „Düsseldorfer Illustrierte Schemafragebogen für Kinder", den Christof Loose und Peter Graaf entwickelt haben (Loose et al. 2018).

2

Obwohl die Schemata als Hintergrund wichtig sind, stehen die Modi im Mittelpunkt der SP: Da sind das Freudig-Zuversichtliche (Happy-Modus), das Ängstliche (Angst-Modus), das Wütende (Ärgerlich-Wut-Modus) und das Kluge (Clever-Modus), die sich je nach Situation im Alltag in den Personen ‚breit' machen. Zum Beispiel, weil ja viele weitere Emotionen vorhanden sind.

Wichtig ist es, die Modi zu personalisieren, mit Namen zu versehen, bewusst zu machen, zu ordnen, zu würdigen und in eine Beliebtheitsskala zu bringen. Die Modi den Situationen im Alltag anzupassen, ist die Aufgabe, die es zu bewältigen gilt, weil nur so das Ziel bzw. die Ziele der heranwachsenden Menschen erreicht werden können. Es geht nicht darum, dass man nicht einmal wütend sein darf, sondern darum, dass der Wut-Modus in bestimmten Momenten nicht andere, positivere oder situativ angemessenere Modi überlagert. Zum Beispiel in Situationen genutzt wird, in denen genau das Verhalten, das dieser Modus triggert, Beziehungen mit anderen belastet oder die Befriedigung der eigenen Bedürfnisse erschwert (◘ Abb. 2.4).

Dass es dieses problematische Verhalten gibt, ist dem Heranwachsenden oft gar nicht klar. In diesem Fall muss nachgefragt werden, woran sich ein Problem aus der Sicht von anderen festmachen ließe und welche Konsequenzen aus dem Verhalten für ihn/sie selbst erwachsen. Dann werden die Situationen analysiert, in denen dieses Verhalten verstärkt auftritt: Was haben diese Situationen gemeinsam? Welche Trigger führen zu dem Verhalten? Welche Schemata oder Modi lösen das Verhalten aus? Was ist der Vorteil an diesem Modus? Welches Bedürfnis schreit danach? Ließe sich ein anderer Modus in dieser Situation finden? Sobald all dies geklärt wird, sollen die Kinder und Jugendlichen Tricks und Kniffe erarbeiten, wie sie die angemesseneren Modi (z. B. Clever-Modus) in bestimmten Situationen aktivieren können. Dazu werden Puppen verwendet, die Modi repräsentieren und mit denen Situationen durchgespielt werden können. So wird in einem Modus-Interview beispielsweise ein Interview mit Modus-Repräsentant*innen

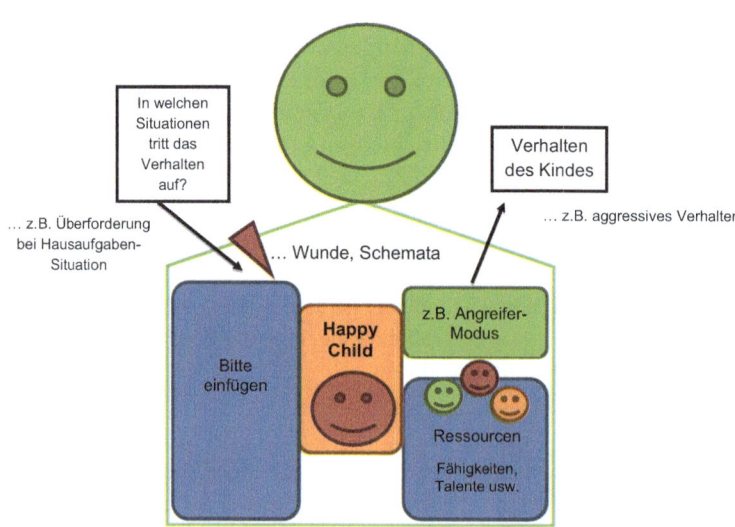

◘ **Abb. 2.4**   Erstellung Fallkonzeption (von Autorinnen)

durchgeführt. Es macht den Befragten bewusst, wie und warum ihr Modus so handelt wie er handelt, welche Vorteile er hat, aber – sofern er als eher negativ angesehen wird – welche Nachteile er haben kann und wann er sinnvoll einzusetzen wäre und wann nicht.

Es gibt auch den Weg über imaginative Techniken, mit welchen aktuelle Situationen mit vergangenen Situationen, die für Schemata bzw. Modi ursächlich sind, verknüpft werden, um negative Modi zu begrenzen. So können Personen, die unterstützend gewirkt haben, imaginativ besucht und gefragt werden, was sie in einer solchen Situation tun würden. Möglich ist auch eine imaginative Reise zum Clever-Modus. Hilfreich bei diesem Prozess können neben den genannten Techniken auch Achtsamkeitsübungen nach Jon Kabat-Zinn und das Skills-Training nach Marsha Linehan sein (Kabat-Zinn 2013, 2016; Linehan 2015).

All diese Techniken können – angepasst – sowohl für kleinere Kinder wie für ältere Heranwachsende und Erwachsene genutzt werden. Für jede/n ist es wichtig, die eigenen Modi zu kennen und zu lernen, sie sowohl im Sinne der eigenen Bedürfnisse als auch im Sinne des sozialen Miteinanders angemessen einzusetzen, denn der ‚falsche‘ Einsatz der Modi führt zu Clashes zwischen Personen.

Das gilt auch für den pädagogischen Prozess zwischen Heranwachsenden und Pädagog*innen und Psycholog*innen in Kindergarten, Schule oder Kinder- und Jugendhilfe. Denn auch die Helfer*innen sind nicht immer davor gefeit, ihre Modi unbewusst falsch zu nutzen – was sich negativ auf die Arbeit mit den Heranwachsenden auswirken wird.

Genau das ist der Grund, warum die SP so viel Wert auf die Selbstreflektion und Inter- und Supervision der Professionellen in Pädagogik, Sozialarbeit, Jugendhilfe und Therapie legt. Unsere ersten Studien in Niederösterreich haben uns gezeigt, wie wichtig die Selbstreflexion und -regulation sind, weil sie zu besseren Ergebnissen bei den Klient*innen führen und weil sie für die Pädagog*innen selbst gut sind.

Es sollte an dieser Stelle daran erinnert werden, dass SP ein alltägliches Handeln ist. Sie kann also dann, wenn es ‚nur‘ darum geht, sich einiger Dinge bewusst zu werden, auch in einem Gespräch während der Autofahrt oder beim gemeinsamen Kochen bestehen. Es kann das Vorlesen eines Buches oder Spiel- und Spaß-Aktivitäten sein.

Wichtig ist es, Grundbedürfnisse anzuerkennen und zu befriedigen. Denn ist ein Kind oder Jugendlicher zufrieden in seinen emotionalen, sozialen und materiellen Bedürfnissen, dann ist die Chance, die richtigen Bewältigungsstrategien zu nutzen, viel größer.

2.5.3 Säule 3: Methoden der Elternarbeit

Eltern sind für ihre Kinder eine Quelle der Inspiration – im Guten wie im Weniger-Guten. Diese können ihre Schemata, Modi und Bewältigungsstrategien an ihre Kinder weitergeben. Die dysfunktionalen Eltern-Modi werden mit den Begriffen „Strafender Elternteil" bzw. „Fordernder Elternteil" belegt, letzteres meist im Sinne von Überfordern. Deshalb ist für die SP auch die Elternarbeit so eminent wichtig.

Unterhalb der Schwelle einer Schema-Therapie kann sie in einem Schema-Coaching oder in einer Schema-Beratung bestehen (Migge 2013). Das Coaching baut häufig auf der Beratung auf, kann aber auch sofort, also ohne vorherige Beratung, einsetzen. Die Beratung ist eine grundsätzliche Einführung in Schemata und Modi und sie berät die Eltern darin, wie sie sich ihrer eigenen Gefühle und Verhaltensweisen bewusst werden. Dabei soll einer Pathologisierung entgegengewirkt werden. Beim Coaching liegt

2

hingegen eine problematische Verhaltensweise der Eltern(teile) vor, die verändert werden soll. Sie ist – ähnlich wie bei der Arbeit mit den Kindern und Jugendlichen – auf die Arbeit an den Stärken und Ressourcen fokussiert: Auch hier werden positive Schemata aufgespürt und aktiviert und Strategien erarbeitet, wie negative Schemata besser bewältigt werden können. Ein besonderer Fokus richtet sich auf die Clashes der Modi der Eltern und ihrer Kindern.

Auch in der Elternarbeit wird zwischen Themen unterschieden, die von Pädagog*innen und Psycholog*innen ausgeführt werden können (Aufbau eines Vertrauensverhältnisses zwischen Hilfsteam und Eltern, Ressourcenarbeit, Psychoedukation, Modi-Clashes) und solche, die nur von ausgebildeten Psycholog*innen und Therapeut*innen durchgeführt werden dürfen (Skizze des elterlichen Modus-Teams, Modus-Interview, Modusbegrenzung und -aktivierung sowie Modus Memo).

2.5.4   Säule 4: Methoden der Inter- und Supervision

Die Arbeit der schemageleiteten Pädagog*innen und Psycholog*innen ist wegen des starken Einbezugs der Kenntnisse über eigene Schemata und Modi anspruchsvoll, persönlich fordernd und belastend und setzt Selbstkenntnis voraus.

Insofern ist es wichtig, die Pädagog*innen vor Überforderungen und überhöhten Belastungen zu schützen.

Das können die Pädagog*innen zum einen in der Intervision mit ihren Kolleg*innen leisten. Sie machen i. d. R. die gleichen Erfahrungen und ein regelmäßiger und strukturierter Austausch kann Lösungen für Probleme in der Arbeit generieren. Eine andere Möglichkeit ist die Supervision, bei der ein Dritter entweder bei der Bearbeitung eines besonders schwierigen Falls behilflich sein oder die Probleme und Belastungen der Pädagog*innen bearbeiten kann. Schließlich sind Schulungen in schemageleiteter Pädagogik notwendig, um das komplexe und ganzheitliche Vorgehen und ihre Techniken und Methoden bewältigen zu können. An dieser Stelle soll unser Online-Lernprogramm für Schemageleitete Pädagogik erwähnt werden.

Auch die Weiterentwicklung von Arbeitsmaterialien oder Schulungsvideos könnte in solchen Schulungen vorangebracht werden. Damit ist nach einer Zusammenfassung des ganzheitlichen Konzeptes der Schemageleiteten Pädagogik auf den folgenden zwei Seiten der Weg frei für die Praxis.

2.6   Kein Schema F

Die SP ruht auf vier Säulen: Ressourcenarbeit, Fallkonzeption, Elternarbeit und Hinzuziehen von Expert*innen. Auch wenn die Herangehensweise strukturiert ist, so ist sie kein Schema F, das über alle Problemfelder gleichartig übergestülpt wird. Schemata und Modi, Problemverhalten und ihre Auslöser und die Bewältigungsstrategien sind höchst individuell und daher sind auch die pädagogischen Zugänge individuell, zumal der Einbezug der Schemata und Modi eines jeden Mitglieds im Hilfsteam ein zusätzliches Ausbrechen aus schemageleiteten Verfahren impliziert. Und dies basiert auf einer vertrauensvollen, tragfähigen Beziehung, die nicht nach Schema F aufbaubar ist. All diese Inhalte können lediglich dann ihre heilsame Wirkung entfalten, wenn die zwischenmenschliche Verbindung aufgebaut und als stabil erlebbar ist.

Die Ressourcenarbeit der Säule 1 beruht auf
- der Kenntnis eigener Stärken und Erfolge in der Vergangenheit
- der Kenntnis der eigenen Bedürfnisse
- der Kenntnis der eigenen Grundüberzeugungen und wie sie entstanden sind, wer sie inspiriert hat
- der Kenntnis der eigenen Schemata und Modi und ihre Ursachen
- der Kenntnis eigener Bewältigungsstrategien und ihrer Ursachen
- der Kenntnisse eigener kurz-, mittelfristiger und langfristiger Ziele

Die Fragestellung der schemageleiteten Fallkonzeption (Säule 2) lässt sich wie folgt zusammenfassen:
- Was ist das Problemverhalten? Was ist die Auslösesituation?
- Wie kann die Ressourcenarbeit erfolgreich umgesetzt werden?
- Wie komme ich über die Modus-Skizze an die Modi heran?
- Welche Maßnahmen und Formen der Interventionen sind die richtigen, um Hilfestellungen für die Kinder zu entwickeln?

Die Reihenfolge der zu erarbeitenden Modi ist wie folgt:
- Happy-Modus (als besonders positiver Einstieg in die Arbeit); Clever-Modus; Ressourcen-Modi; Clever-Team wird zusammengestellt; dysfunktionale Modi (Problemverhalten: → in welchen Situationen? → zu welcher Zeit?); Modus des verletzbaren Kindes; andere Kindmodi (ärgerlich-wütend; undiszipliniert; aggressiv)

Die Modi erhalten Repräsentant*innen, mit denen Situationen tatsächlich durchgespielt werden können. Dazu existieren verschiedene imaginative und spielerische Techniken, in denen die Modi besucht, befragt oder interviewt werden können, um die negativen Modi so zu steuern, dass sie dann aktiv werden, wenn sie sinnvoll sind, aber ‚ausgeschaltet' bleiben, d. h. wenn sie sowohl die eigenen Bedürfnisse, als auch die der anderen beeinträchtigen.

Eltern spielen bei der Entwicklung von Schemata zwar nicht die alleinige, aber doch eine gewichtige Rolle. Daher ist Elternarbeit sehr wichtig. Auch die Eltern sollen ihre Schemata und Modi erkennen und lernen, mit ihnen umzugehen. Durch die Schwerpunktsetzung auf die Schema- und Modi-Clashes zwischen Elternteilen und Kindern soll die Beziehung zwischen den beiden verbessert werden, um negative Auswirkungen von Übertragung und Gegenübertragung (zukünftig) zu vermeiden. Hier werden prinzipiell ähnliche Themen angesprochen und ähnliche Methoden wie bei den Heranwachsenden angewandt.

Schließlich erfordert die Arbeit der Pädagog*innen und Psycholog*innen ein hohes Maß von Selbstreflektion und Kenntnissen der eigenen Schemata und Modi. So können in der Beziehung mit den Heranwachsenden (und auch mit den Eltern) ebenfalls Clashes entstehen, die eine Verbesserung der Resilienz und angemessenen Bewältigungsstrategien verhindern können. Z. B. wenn aus dem Modus des Kümmerers heraus eine Überfürsorge oder Unterforderung der Heranwachsenden erwächst. Zudem kann die Arbeit für die Pädagog*innen selbst sehr belastend sein.

Daher ist die vierte Säule – das Heranziehen von Expert*innen – vor allem auf die Inter- und Supervision der professionellen pädagogischen Kräfte gerichtet, um sie selbst in ihrer Persönlichkeit und in ihrer Professionalität zu stärken. Hier liegt also ein Konzept vor, dass die Persönlichkeitsentwicklung aller Beteiligten fordert.

2

Damit sei die ganzheitliche Konzeption der SP in ihren Grundzügen dargestellt. Nun geht es darum, Sie mit der Praxis der frühen Bildung in Kindergarten und Schule und in der Kinder- und Jugendhilfe zu konfrontieren. Es geht darum, die Spezifika der jeweiligen Altersstufen, aber auch der Institutionen, in denen die Kinder und Jugendlichen gefördert und unterstützt werden sollen, zu erfassen und das Konzept angemessen umzusetzen.

Auf in die Praxis!

Literatur

Damm, M. (2010). *Schemapädagogik: Möglichkeiten und Methoden der Schematherapie im Praxisfeld Erziehung.* Wiesbaden: VS Verlag.

Gahleitner, S. B. (2016). Traumatherapie, Traumaberatung und Traumapädagogik: Ein Überblick über aktuelle Unterstützungsformen zur Bewältigung traumatischer Erfahrungen. *Psychotherapie Forum, 21*(4), 142–148.

Huber, M., & Orville, P. (2015). *Traumapädagogik. Grundlagen für den pädagogischen Alltag.* Eintrag vom 28. März 2015. ▶ http://www.traumapaedagogik.at/.

Kabat-Zinn, J. (2016). *Mindfulness for beginners: Reclaiming the present moment-and your life, Boulder.* Colorado: Sounds True.

Kabat-Zinn, J. (2013). *Gesund durch Meditation: Das große Buch der Selbstheilung mit MBSR* (vollständig überarbeitete Neuausgabe Aufl.). München: Knaur.

Linehan, M. (2015). *DBT® skills training manual* (2. Aufl.). New York: Guilford.

Loose, C., Meyer, F., & Pietrowsky, R. (2018). The Dusseldorf Illustrated Schema Questionnaire for Children (DISC). *Psicologia: Reflexão e Crítica, 31*(7), 1–12.

Migge, B. (2013). *Schema-Coaching: Grundlagen, Einführung und Praxis: Methoden, Fallbeispiele.* Weinheim: Beltz.

Roth, G. (2016). Wirkung vorgeburtlicher und früh-nachgeburtlicher Umwelteinflüsse auf Gehirn und Psyche. *Psychotherapeut, 61*(2), 118–123.

Thuyen, U., Fegert, J. M., & Resch, F. (2012). Wachstum und somatische Entwicklung im Kindes- und Jugendalter – Typische und untypische Verläufe. In J. M. Fegert, C. Eggers, & F. Resch (Hrsg.), *Psychiatrie und Psychotherapie des Kindes- und Jugendalters* (S. 3–34). Berlin: Springer.

Young, J. E., Klosko, J. S., & Weishaar, M. E. (2008). *Schematherapie: Ein praxisorientiertes Handbuch* (2. Aufl.). Paderborn: Junfermann.

Zimmermann, D., Rosenbrock, H., & Dabbert, L. (Hrsg.). (2017). *Praxis Traumapädagogik: Perspektiven einer Fachdisziplin und ihrer Herausforderungen in verschiedenen Praxisfeldern.* Weinheim: Beltz Juventa.

Zöhling, D., & Pommer, C. (2018). *Forschungsbericht zur schemageleiteten Pädagogik,* Universität Wien (unveröffentlicht).

Auf in die Praxis: *Früh übt sich … Anwendungen im Kindergarten*

© Springer Fachmedien Wiesbaden GmbH, ein Teil von Springer Nature 2020
C. Pommer, D. Zöhling, *Schemageleitete Pädagogik im Kinder- und Jugendbereich*,
https://doi.org/10.1007/978-3-658-26547-2_3

3

Wir wollen mit der Anwendung bei Kleinkindern beginnen, also bei jenen, die sich bereits selbst erkennen, sich verständlich artikulieren und sozial handeln können. (Schematherapeutische Behandlungen gibt es nach Loose und Kolleg*innen bereits im Säuglingsalter, soll aber an dieser Stelle nicht behandelt werden, da von einer Mitarbeit der Kinder in einem kognitiven Sinne in diesem Alter nicht gesprochen werden kann.)

3.1 Was Kindergartenkinder warum und wie lernen (sollen)

Wir wollen mit der Anwendung bei Kleinkindern beginnen, also bei jenen, die sich bereits selbst erkennen, sich verständlich artikulieren und sozial handeln können.[1]

Der Kindergarten ist – abgesehen vom Spielplatz und der Nachbarschaft – der erste Raum, wo Kleinkinder außerhalb ihrer Familie betreut werden und mit anderen Kindern Kontakt und Kooperation aufnehmen und auch Streit haben. In den Kindergarten zu gehen kann insofern eine Hürde bisher unbekannter Höhe sein. Neben dem Bindungs- und Autonomiebedürfnis werden Eltern mit neuen Entwicklungsanforderungen ihres Kindes konfrontiert.

Diese finden sich in der Kognition, Intelligenz, den Gefühlen, der Sprache, dem Konzept von sich selbst, der Frage von Geschlecht und sogar von Moral in den sozialen Beziehungen. Und darüber hinaus.

Für Forscher wie Heinrichs und Lohaus (2011) sind zunächst sozial-kommunikative und sprachliche Fähigkeiten am bedeutendsten. Ohne sie wird es schwierig sein, die eigenen Emotionen regulieren zu können. Dabei können bereits Kinder ab drei Jahren Gefühle wie Angst, Ärger, Trauer und Freude, also jene für die schemageleitete Pädagogik besonders wichtigen Gefühle, nicht nur voneinander unterscheiden, sondern zugleich diese auch artikulieren („Als dieser Hund kam, da hatte ich ganz toll Angst."). Das heißt zugleich, dass sie auch Zustände oder Ereignisabfolgen erinnern und wiedergeben können – selbst wenn da gelegentlich Fantasie und Realität ein wenig durcheinander geraten dürfen.

Weiters ist die Integration des Kindes in die Gruppe im Kindergarten und die Akzeptanz der erwachsenen Pädagog*innen und der von ihnen geforderten Normensysteme wichtig. All dies ist für die Neulinge im Kindergarten nicht einfach, denn sie sehen ja zunächst einmal vorrangig ihre eigenen emotionalen und sozialen Bedürfnisse. Diese aber sind dadurch begrenzt, dass auch andere Kinder da sind, die dieselben Bedürfnisse für sich reklamieren können – und das zu Recht!

In diesem Zusammenhang kommen wir auf die psychoneuralen Grundsysteme zurück. Wir hatten gesehen, dass dies 1) die Stressverarbeitung, Beruhigung und Impulshemmung, 2) das Bewertungssystem, 3) das Bindungssystem und 4) der Realitätssinn und die Risikowahrnehmung sind.

Das Bindungssystem ist das, was beim Übergang von dem weitgehenden Familienbezug vor der Kindergartenzeit in den Kindergarten am offensichtlichsten verändert wird. Die Bindung zur Bezugsperson schafft Sicherheit und Geborgenheit. Aus diesem

---

1   Schematherapeutische Behandlungen gibt es nach Loose und Kolleg*innen bereits im Säuglingsalter, soll aber an dieser Stelle nicht behandelt werden, da von einer Mitarbeit der Kinder in einem kognitiven Sinne in diesem Alter nicht gesprochen werden kann.

Gefühl heraus kann sich ein Kind herauswagen in eine fremde Umwelt und diese erforschen. Ist der Kontakt zur Bezugsperson gefährdet, tritt Trennungsangst hervor.

Wenn das Kind in den Kindergarten kommt, sind es nicht mehr nur Mutter und Vater oder auch Geschwister, die die Bindungsbedürfnisse befriedigen, sondern nun erscheinen Erzieher*innen oder andere Kinder auf der Bildfläche, die ebenfalls soziale Bindungen eingehen wollen, zugleich aber auch eigene Bedürfnisse artikulieren und somit konkurrieren.

Das kann mit Stress verbunden sein und die Impulskontrolle beanspruchen. Gut ist es dann, wenn genügend vom Neuro-Transmitter Serotonin vorhanden ist, das die Kinder beruhigen und Impulse hemmen kann. Fehlen diese – sei es aus physiologischen Gründen, sei es als Folge einer gewaltsamen, unter- oder überfordernden oder emotional vernachlässigenden Erziehung – kann es zu unsozialen Handlungsimpulsen kommen, wie sie wohl jede/r ErzieherIn aus Konflikten in den Kindergärten kennt.

Laut Schell und Kolleg*innen (2015) beziffern einige Studien die Zahl der Vorschulkinder, denen eine, mindestens vorübergehende, schwere Verhaltensauffälligkeit bescheinigt werden muss, auf zwischen 13 und 18 %. Verhaltensprobleme werden demnach festgemacht z. B. an aggressivem oder oppositionellem Verhalten oder aber an internalisiertem Verhalten der Angst, Traurigkeit und des Rückzugs von der Gruppe.

Eine dauerhafte aggressive Tendenz wird bei 5–10 % der Jungen einer Altersgruppe beobachtet. Da gewalttätige Handlungen, wenn ihnen nichts entgegengesetzt wird, in späteren Altersstufen weitergeführt werden, ist die Gewaltprävention besonders wichtig. Wir werden im Folgenden darauf eingehen. Mit den Begriffen der Schema- und Modikonzeption wäre die Aggressivität als ‚Unzureichende Selbstkontrolle‘ und ‚Angreifer-Modus‘ zu bezeichnen, während das internalisierte Verhalten als ‚Versagensangst‘, ‚unentwickeltes Selbst‘ oder ‚Selbst-Isolierung‘ charakterisiert werden kann.

Genau im Kindergartenalter baut sich schrittweise das Bewertungssystem auf. Dabei entwickelt sich die Erwartung, dass Belohnungen oder Strafen für eine eigene Handlung wiederholt werden. Und je kleiner das Kind ist, umso stärker pocht es darauf, dass diese Belohnung möglichst sofort vergeben wird. Dabei wird zwischen Individuen unterschieden, die eher über Belohnungen lernen (die ‚Extravertierten‘) und solche, die eher über Bestrafungen (und deren Androhung) lernen (die ‚Neurotizistischen‘).

Die Kinder müssen lernen, dass eine selbstwertfördernde Belohnung oft nicht ohne Unlust bereitende Tätigkeit erhalten werden kann. Anders gesagt: Nicht alles, was getan werden muss, macht Spaß. Es muss aber trotzdem getan werden. Und wenn dies geschieht, aber eben nur dann, wird es eine Belohnung geben.

Die Bedürfnisse des Kindes stehen in Wechselwirkung und Konkurrenz. Beim Modell von Klaus Grawe steht daher die Konsistenz, die richtige Balance der Bedürfnisse im Mittelpunkt – graphisch, aber auch inhaltlich gesehen. So sind Bindung und Autonomiestreben immer gegensätzlich. Sie stehen für Sicherheit und Geborgenheit auf der einen und Freiheit und Unabhängigkeit auf der anderen Seite. Inkonsistenzen gibt es gerade auch bei Eltern, die z. B. bei einer Überfürsorge die Bindung über die notwendige Autonomie des Kindes stellen (‚Helikopter-Eltern‘). In Bezug auf die Autonomie müssen die Kindergartenkinder also individuelle Fähigkeiten lernen, z. B. selbstständig zu essen, sich alleine eventuell sogar fern von heimischen Ritualen einzuschlafen und ähnliche wichtige Dinge. Zugleich müssen sie in Bezug auf die Struktur und Grenzen Gruppenregeln einhalten.

Die schwierige Aufgabe für Eltern und für die neuen Bezugspersonen in Kindergärten ist es also, die Konsistenz der Bedürfnisse innerhalb des Kindes, aber auch

3

in Bezug auf das Verhältnis mit anderen aufrecht zu halten. Wichtig ist dabei die angemessene und damit flexibel zu erfolgende Grenzziehung zwischen den Bedürfnissen aller Beteiligten. Denn alle Kinder entwickeln laufend Kompetenzen und Bedürfnisse.

Zusammengefasst ist der Kindergarten der Eintritt in eine ganz neue Lebensphase des Kindes: Der überwiegende Bezug auf die übrigen Mitglieder der Familie im Alltag wird unterbrochen durch den Aufenthalt in einer anderen Umgebung, mit anderen Kindern und einer anderen Bezugsperson, die in dem Haus ,das Sagen' hat. Die Bedürfnisse des einzelnen Kindes stoßen hier auf Bedürfnisse von anderen, anfangs fremden, Kindern und ebenso auf die Bedürfnisse einer (oder mehreren), zu Beginn fremden, Erwachsenen.

Je nach Temperament des Kindes, dem Erziehungsstil und der sonstigen emotionalen, sozialen und materiellen Bedingung im Elternhaus stellt der Eintritt in die Institution des Kindergartens für die Kinder eine große Herausforderung dar. Zugleich ist es aber eine Herausforderung für die Erzieher*innen, die all die Bedürfnisse der Kindergartenkinder unter einen Hut bringen sollen.

3.2 Was Schemageleitete Erzieher*innen benötigen

Zu Beginn dieses Abschnitts wollen wir daran erinnern, dass auch schemageleitete Erzieher*innen in einem institutionellen System agieren müssen, das nicht notwendigerweise optimal auf das jeweilige individuelle Kindeswohl ausgerichtet ist.

Laut einer Studie der Bertelsmann-Stiftung haben die Kindergärtner*innen in Deutschland durchschnittlich die Verantwortung für neun Kindergartenkinder, wobei es ein Nordost–Südwest-Gefälle gibt: In Stuttgart betreut ein*e Erzieher*in durchschnittlich sechs Kinder, in Schwerin jedoch doppelt so viele. In Österreich werden optimale Betreuungsschlüssel in Kindergärten mit 1:8 angegeben, in der Realität lagen sie 2011 je nach Bundesland zwischen 1:12 und 1:17 (Baier und Kindl 2011). Der Österreichische Kinder- und Jugendgesundheitsbericht vom Jänner 2016 zitiert OECD-Zahlen, die sich auf das Jahr 2012 bezogen, mit einem Betreuungsverhältnis in der vorschulischen Betreuung von 1:10 (ebenso wie Deutschland). Insofern müssen die folgenden Anforderungen an Erzieher*innen als ein Ideal angesehen werden, die in einer Realität eingepasst werden müssen, in der diese oft wenig Zeit für individuelle Betreuung haben können. Mit dieser Realität im Hinterkopf wollen wir fortfahren.

Unabhängig von der Frage, ob Verhaltensauffälligkeiten vorhanden sind oder – wie bei der Mehrheit der Kinder – eher nicht, gilt auch für die Arbeit mit Vorschulkindern, dass die positiven Eigenschaften, Stärken, Fähigkeiten, Fertigkeiten, Hobbys und Ressourcen eines jeden Kindes erarbeitet werden sollten. Ohne diese Erarbeitung wird es keine ressourcenorientierte Erziehung geben. Das ist – wir erinnern uns – die Säule 1.

Einige Stärken und Fertigkeiten der jeweiligen Kinder werden in ,normalen' Alltagssituationen im Kindergarten erkennbar sein (z. B. Auffassungsgabe, Motorik etc.), andere, weniger offensichtliche Fähigkeiten, werden Erzieher*innen individuell herausfinden müssen. Dann werden die Erzieher*innen sie für eine in der Gruppe beobachten und individuell versuchen, ihre Stärken zu ergründen. Die Social Skills können durch die Stärkung der Clever-Ichs verbessert werden. Dafür ist der Einsatz von Puppen zu empfehlen.

Ebenfalls ressourcenorientiert, bezogen auf positive Schemata eines Kindes, ist die affektive Verstärkung und Verlinkung positiver Situationen und Bezugspersonen mit positiven Schemata. Durch die imaginäre Reise zu den Bezugspersonen, die für die positiven Schemata eines Kindes verantwortlich sind, sollen diese gefördert werden.

Bei weniger eindeutig positiven Schemata eines Kindes kann eine begrenzte Nachbeelterung (Englisch: Limited Parenting) sinnvoll sein.

Dabei wird eine an den Bedürfnissen des Kindes orientierte Beziehung aufgebaut. Solche Methoden werden das Selbstwertgefühl und die Autonomie der Kinder verbessern. Damit sind die rein auf das Individuum bezogenen Bedürfnisse und Schemata angesprochen.

An dieser Stelle muss festgestellt werden, dass für durchschnittlich intelligente Vorschulkinder noch keine wissenschaftlich elaborierten Modus-Modelle erarbeitet worden sind. Dennoch lassen sich auch für Kinder im Alter zwischen 3 und 6 Jahren kindliche Modi identifizieren, mit denen die Kindergärtner*innen und Erzieher*innen arbeiten können (◘ Tab. 3.1).

Bewältigungsmodi lassen sich individuell durch die sog. Empathische Konfrontation bearbeiten. Alle diese Modi sind grundsätzlich empathisch zu begrüßen, müssen aber auf ihre Angemessenheit je nach Situation überprüft werden. Daher bedeutet der Wortteil der Konfrontation, dass dem Kind fürsorglich und einfühlsam nahegebracht wird, dass die Kind-Modi manche Bedürfnisse beinhalten, die nicht angenehm sind, z. B. der Modus des verletzbaren Kindes.

Noch stärker verhaltensorientiert sind sog. Verhaltensexperimente. Hier werden sehr dosiert und vorsichtig Trigger eingesetzt, um Schemata oder dysfunktionale Modi auszulösen und adaptive Bewältigungsstrategien entgegenzusetzen. Dieses sollte zunächst

---

◘ **Tab. 3.1**   Handlungsimplikationen

Handlungsimplikationen von Pädagog*innen für Modi	
das verletzte, verletzbare Kind	Validieren, Trost, Fürsorge, Beschützen
das impulsiv-undisziplinierte Kind	liebevolle, direktive Begrenzung
das ärgerlich-wütende Kind	Ärger liebevoll ausleben lassen, validieren und begrenzen
der Kritiker, Antreiber und Forderer (Eltern-/Peer-Modus)	Inhalte überprüfen, Unangemessenes und Überforderndes zurückweisen
der Bestrafer (Eltern-/Peer-Modus)	Entmachten
der Distanzierte Beschützer (eine der Vermeidungsstrategien)	Dank für den Schutz, Vorstellen von passenderen Schutzstrategien
Dysfunktionale Modi	Dank für bisherige Hilfe bei der Bedürfnisbefriedigung, Abwägung von Vor- und Nachteilen der Modi; Monopol-Modi schwächen, andere Modi als Alternative erarbeiten
das kompetente Kind (Clever-Modus)	Loben, Stärken, Ausbauen, Unterstützen und zum „Anwalt der seelischen Bedürfnisse" des Kindes machen

Quelle: HANDBUCH Schemageleitete Pädagogik. Leitfaden für den sozialpädagogischen Alltag, S. 22 (erstellt für einen Workshop von C. Loose in Niederösterreich am 27.05.2018)

3

in einem geschützten Raum und erst dann im Gruppenalltag erprobt werden. Um den Clever-Modus zu stärken, gibt es die Methode der imaginativen Reise zum Clever-Modus oder das Aufzeigen der modusspezifischen Handlungsimplikationen.

Die Verbindung von Gefühlen und Handlungen kann am besten spielerisch dargestellt werden, indem die verschiedenen Modi sehr konkrete Repräsentationen erhalten, z. B. über Handpuppen, die das Kind selbst benennt. So könnte der verletzbare Modus „die traurige Trude" heißen, während der impulsiv-undisziplinierte Modus „der wilde Willi" heißen könnte. Die Namen sollen einerseits in gewissem Maße den Ernst der Dinge widerspiegeln, zum anderen aber witzig genug sein, um das spielerische Element repräsentieren zu können. Die Modi können dann z. B. als Kunden im Kaufmannsladen-Spiel auftreten (andere Möglichkeiten ► Abschn. 3.4).

Die Erzieher*innen sollten dabei die Modi-Namen eines jeden Kindes kennen und beachten, wann welcher Modus repräsentiert ist. Sie können dann ein situatives Verhalten eines Kindes mit einem Modi-Namen aufrufen und dem Kind bewusst machen, dass es sich gerade in diesem Modus befindet. Damit hinterfragen sie zugleich, ob dieser Modus aus Sicht der Gemeinschaft passend ist. Prallen also die Modi aufeinander, so ist vonseiten der Erzieher*innen eine Grenzziehung notwendig. Diese muss fest, aber fair sein. Wird diese Grenze überschritten, dann muss dem Kind wertschätzend klar gemacht werden, dass sein Bewältigungs-Modus, z. B. impulsives Handeln oder Wutausbruch, nicht in Ordnung geht: Der/die Pädagog*in muss klar machen, dass jedes Kind auf seine Art besonders ist, es jedoch gegenüber anderen Kindern der Gruppe keine Vorrechte hat. Wenn wir auf Säule 2 – die Fallkonzeption – zu sprechen kommen, so ist neben der kreativen Ressourcenarbeit auch die analytische Arbeit für die Erzieher*innen notwendig. Die Erzieher*innen sollten zu jedem einzelnen Kind ihrer Gruppe eine wertschätzende Beziehung aufbauen. Das heißt, zu Beginn sollten Informationen über das Kind erhoben werden: Vom Kind selbst, durch Zeichnungen über ihre Familie, über Träume, Wünsche (Feenfragen), usw. oder in Gesprächen mit den Eltern, die die regelmäßigen Entwicklungsgespräche ergänzen (► Abschn. 3.3).

An den Ergebnissen dieser Beziehungsarbeit und der Beobachtung des Alltags in der KITA lassen sich mögliche Verhaltensauffälligkeiten und ihre möglichen Ursachen erkennen und bearbeiten. Der große Vorteil der Schemageleiteten Pädagogik liegt darin, dass die Pädagog*innen unmittelbar und rasch auf die aktivierten Modi beim Kind reagieren und sich damit auseinandersetzen können. Dieses Vorgehen kann Kindern helfen, mehr Achtsamkeit für ihre Verhaltensweisen zu entwickeln. Das gilt – wie bei der ► Abschn. 3.3 gezeigt wird – entsprechend für die Eltern. Je nach der Auffälligkeit gewisser Verhaltensweisen sollte die Erzieherin dann ggf. andere Personen aus dem Helfer*innenteam hinzuziehen, etwa Psycholog*innen oder Therapeut*innen. In der Fallkonzeption wird dann festgelegt, welche Profession welche pädagogischen und/oder therapeutischen Maßnahmen ergreifen sollte.

All diese Methoden sollen in einer Atmosphäre der menschlichen Wärme, der Empathie, des Interesses und der Spielfreude Anwendung finden. Insgesamt gesehen muss das Vorgehen in den Kindergärten **noch** einfühlsamer und spielerischer erfolgen, als bei älteren Kindern, da die kognitiven Fähigkeiten erst im Wachsen begriffen sind. Zudem können manche Interventionen wie das Verhaltensexperiment nicht in einer Gruppensituation angewendet werden, bevor es in einer Interaktion zwischen Kind und Erzieher*in bzw. Psycholog*in ausprobiert worden ist.

3.2.1 Gewaltprävention

Es wurde schon auf die Gefahr hingewiesen, dass sich aggressives Verhalten, dem nicht (pro-)aktiv entgegengewirkt wird, verfestigen kann. Deshalb soll hier ein eigener Abschnitt zu diesem Thema eingefügt werden. In der Regel wird die Bereitschaft, sich seine Bedürfnisse auch mit Gewaltanwendung zu befriedigen bzw. diese gegen andere zu verteidigen, durch eine autoritäre oder gewährende Erziehung hervorgerufen.

Im ersten Fall ahmt das Kind womöglich das autoritäre und bestrafende Gehabe nach, das ihnen die Eltern im Umgang mit anderen Menschen vorleben. Das sich ängstlich unterwerfende Kind zu Hause mag in der außerhäuslichen Freiheit des Kindergartens einen Bewältigungsmodus gegenüber dem impulsiv-aggressiven Modus wählen.

Im zweiten Fall kann die emotionale Entbehrung mit einer Anspruchshaltung („was ich mir genommen habe, bleibt auch meins und kriegt kein/e andere/r …") und einer unzureichenden Selbstkontrolle („… und das verteidige ich auch mit allen Mitteln") gepaart sein und so zu gewaltsamen Verhalten führen. In beiden Fällen fehlt es in der Erziehung an der Vermittlung von Konfliktlösungsstrategien, in der nicht nur die Bedürfnisse des eigenen Kindes, sondern beim Sozialverhalten auch die Bedürfnisse der anderen Kinder in den Blick geraten sollen. Wichtig für die Kindergartenkinder ist also, dass sie ihre eigenen Gefühle erkennen und beginnen, sie auch zu kontrollieren, wenn diese auf Bedürfnisse und Gefühle anderer treffen.

Konkret gibt es einige Projekte der Gewaltprävention in Österreich und Deutschland, die in Kindergarten und Horten durchgeführt werden. Diese – Papilion, Faustlos und gripso-logisch – werden bei den Praxisbeispielen ausführlicher dargestellt. Dabei gehen diese Ansätze zwar nicht explizit auf die Schemata und Modi ein, aber sie lassen sich gut mit der SP kombinieren.

Im Kindergarten sollten die Erzieher*innen gezielt gewaltfreie Konfliktbearbeitungsstrategien stärken. In Spielen sollte es nicht um die Förderung von Konkurrenz zwischen den Kindern, sondern um die Kooperation der Kinder gehen. Verlieren und gewinnen können sind Teile des Lebens.

Dabei können Clever-Modi eingesetzt werden, die aggressive Modi spielerisch entmachten. Zugleich aber sollte die Elternarbeit dahin gehend erweitert werden, dass die Vorzüge der gewaltfreien Erziehung für alle Beteiligten, also die Kinder wie die Eltern, vermittelt werden. Dies setzt eine Bereitschaft zur Selbstreflexion der Eltern voraus. Damit sind wir auch schon bei der Elternarbeit angelangt.

3.3 Elternarbeit

Eltern von Kleinkindern im Vorschulalter haben noch eine besonders enge Bindung und manchen von ihnen mag es besonders schwerfallen, ihre Kinder in eine andere Umgebung zu geben. Nicht nur für die Kinder ist die Bindung zu den Eltern wichtig, sondern auch umgekehrt. Der Kindergarten kann daher als eine erste Form der Autonomie der Kinder von der elterlichen Bindungskraft verstanden werden. Die Eltern verlieren ein Stück weit die Kontrolle über ihre Kinder, wissen zunächst nicht, ob die Erzieher*innen tatsächlich gleiche Werte und Erziehungsformen wie sie vermitteln werden oder nicht. Sie geben den Erzieher*innen insofern einen Vertrauensvorschuss.

Auf der anderen Seite spielt die Art der Bindung, der Erziehungsstil und die Einschätzung der Eltern über ihre Kinder eine wichtige Rolle beim Verhalten der Kinder. Sie legen die Schemata und bevorzugten Modi fest. Wenn die Bindungsrepräsentation sicher-autonom ist und der Erziehungsstil autoritativ ist (d. h. wertschätzend, unbedingte Akzeptanz gegenüber dem Kind, unterstützendes und strukturierendes Erziehungsverhalten), dann wird es tendenziell kaum zu Verhaltensauffälligkeiten bei den Kleinkindern kommen. Wenn die Bezugspersonen eine positive und realistische Wahrnehmung ihrem Kind gegenüber haben, dann lernt das Kind durch das willkommen geheißen werden und durch die Geborgenheit Positives über sich selbst. Durch Vertrauen entsteht dann Selbstvertrauen.

In diesen Fällen sprechen die Erzieher*innen die Entwicklung des Kindes in regelmäßigen Gesprächen mit den Eltern an. Oder es kann bei einmaligen Auffälligkeiten vielleicht auch in einem Tür- und Angelgespräch, wenn die Eltern das Kind abholen, Vertrauen entstehen.

Aus der Bindungsforschung ist uns bekannt, dass Bezugspersonen/Eltern dem Säugling/Kind spezifische Verhaltensmuster anbieten, wie u. a. Sicherheit und Vertrauen, um neben einer Bindung die Möglichkeit zur Exploration und Autonomie entwickeln zu lassen. Gelingen Eltern diese Aufgaben, dann schaffen sie mit hoher Wahrscheinlichkeit eine „sichere Basis" für ihr Kind (Bowlby 2014, Original: 1988). Durch empathisches Eingehen auf die Bedürfnisse des Säuglings (Hunger, Müdigkeit, …) und Geborgenheit lernt der Säugling/Kind sich zu beruhigen, da auf stressvolle Erfahrungen adäquat seitens der Bezugspersonen reagiert wird.

Aber nicht jede Bezugsperson verfügt über diese Skills und Motivation für den Säugling/das Kind da zu sein. Es gibt unterschiedliche Verhaltensweisen bei den Bezugspersonen. Nicht immer kann Schutz vermittelt werden bzw. werden auch emotionale Signale beim Säugling falsch wahrgenommen und letztendlich invalidiert. Folgt man der Bindungstheorie dann kann ein „falsches Selbst" durch kontinuierliches Fehlen an bedarfter Betreuung und Antworten entstehen. Die eigenen (verzerrten) Selbstrepräsentanten bei der Bezugsperson beeinflussen die Selbst- und Objektrepräsentanten beim Säugling/Kind (Objektbeziehungstheorie nach Melanie Klein, vgl. Kernberg 2016, S. 48 f.). Primäre Bezugspersonen mit ängstlich-vermeidenden Kindern vermitteln durch ihre Verhaltensweisen Ängste und Unsicherheit. Das Kind bleibt in Abhängigkeit. Um die Begrifflichkeit der Schemata zu verwenden: Es bildet sich unter Umständen das Schema der „Verstrickung" aus. Mütter eines Kindes desorganisierter Bindungsverhaltensweisen fühlen sich oft ohnmächtig und hilflos, auf die Bedürfnisse ihres Kindes adäquat reagieren zu können (George und Solomon 1996). Die Selbst- und Objektrepäsentanten bei den Bezugspersonen sind ein wichtiger Aspekt, wie sich das Kind selbst wahrnehmen und verstehen lernen wird.

Maladaptive Bewältigungsversuche von Bezugspersonen (vgl. Erdulden/Einfügen, Vermeiden oder Flüchten) führen zu Beziehungsmustern, welche die Weltanschauung und damit auch die spätere Partnerschaft prägen wird. Hingegen kann der vernachlässigende Erziehungsstil – so schreiben Loose und Kolleg*innen (2013, S. 97) – „Schemata wie Verlassenheit, Emotionale Entbehrung, Erfolglosigkeit/Versagen, Unzureichende Selbstkontrolle und -disziplin" begünstigen, während der gewährende Stil „Instabilität, Emotionale Entbehrung, Anspruchshaltung und Grandiosität und Unzureichende Selbstkontrolle" und der autoritäre Stil „Emotionale Entbehrung, Misstrauen, Missbrauch und Misshandlung, Unzulänglichkeit/Scham, Unterwerfung und Bestrafung" bewirken kann.

Natürlich sind die vier genannten Stile Idealtypen, die in dieser Form in der Realität nicht eins-zu-eins vorkommen. Dennoch ist es wichtig, in aller notwendigen Einfühlsamkeit und Wertschätzung darauf hinzuweisen, dass hier Ursachen für auffälliges Verhalten eines Kindes zu erklären sind.

Mithilfe der SP versuchen wir den bereits gepackten „*Rucksack*" an maladaptiven Bewältigungsreaktionen von Generation zu Generation zu vermindern. Dies soll nach unserem Verständnis u. a. auch durch das Schemacoaching für Eltern gelingen. Es sollen die inneren Kritiker, der fordernde Elternanteil, aber auch der strafenden Elternanteil mithilfe eines Interviews und eventuell anhand von Fragebögen identifiziert werden. Die SP dient zur Erkenntnis und zum Verständnis der aus der „Vergangenheit stammenden" Modi und Schemata, welche in der aktuellen Beziehung zum Vorschein kommen und vorherrschende Beziehungen beeinflussen (Dyaden, vgl. Kernberg 2016, ausführlich: Klein 1995–2002). Solche Schemata-Modi können zu Clashes zwischen Eltern und ihren Kindern führen, weshalb sie beim Schema-Coaching von herausragender Bedeutung sind.

Im zweiten Ansatz versuchen wir mittels MBCT (mindfulness based Cognitive Therapie, vgl. Kabat Zinn 2016, 2013; Collard 2014), die aufdrängenden dysfunktionalen Gedanken und unseren Autopiloten ins Bewusstsein zu bringen. Anschließend zu stoppen und auf den Atem zu achten, um den dysfunktionalen Bewältigungsreaktionen und maladaptiven Schemata mit Gelassenheit begegnen zu können. Dabei geht es um die Emotionsregulation und Fähigkeiten zur Stresstoleranz, um „Radikale Akzeptanz" von dem, was ist (Dialektisch-behaviorale Therapie, DBT®, vgl. Linehan 2015). Im nächsten Schritt wird geklärt, was notwendig ist, um die Situation zu verändern. Ohne zu werten. Wir befürworten damit unbedingt die Verbindung der schemageleiteten Pädagogik mit MBCT, mit „Elternbeziehungs-Skills" und ähnlicher therapeutischer Ansätze.

Das ist zugleich der schwierigste Teil bei der Elternarbeit: Einerseits sind Erzieher*innen und Pädagog*innen auf die Zustimmung der Eltern angewiesen, wenn sie an einer zunächst temporären Verhaltensauffälligkeit eines Kindes arbeiten wollen, da dies auch immer Ausdruck des systemischen Gesamtgeschehens ist.

Andererseits erfordert eine Bearbeitung jener Ursachen von Auffälligkeiten, die im Handeln der Eltern liegen (könnten), eine Bereitschaft der Eltern zur Selbstreflexion und zum Zulassen angemessener und wertschätzender Kritik an ihrer Erziehung. Dennoch ist Einbindung aller verantwortlichen „Player" unerlässlich.

Diese Bereitschaft mag dadurch erhöht werden, dass ggf. vorhandene maladaptive Verhaltensweisen in dem Alter zwischen 3 und 6 Jahren noch nicht so gefestigt sind, als dass sie nicht verändert werden könnten.

Zudem kann die Resilienz, also der Schutzschirm für die menschliche Seele oder das Immunsystem für die Psyche, insbesondere in der Kindheit erlernt werden. Sie sollte also zum einen – wie dargestellt – durch die Arbeit am Kind, andererseits aber auch durch die Arbeit an der Lebensumwelt des Kindes gefördert werden. Dies ist der ganzheitliche Aspekt der schemageleiteten Pädagogik und ihr Beitrag zur Gesundheitsförderung. Auf diesen Aspekt wird weiter unten noch näher eingegangen.

Wichtig an der Elternarbeit können dabei auch Besuche im Kindergarten sein, um zu sehen, wie das eigene Kind sich in die Gruppe integriert und der Umgang mit z. B. Trennungsangst erleichtert wird.

Dabei sollten sich die Eltern jedoch eher im Hintergrund halten und sich nicht in die Arbeit der Erzieher*innen einmischen. Es geht an dieser Stelle nur darum, die Balance zwischen Bindung und Autonomie für beide Seiten zu halten.

3

All diese Gedanken zeigen, dass es ein hohes Maß an Fingerspitzengefühl und Sensibilität vonseiten der Erzieher*innen bedarf, um mit Eltern in diesem Sinne zu arbeiten. Ist die Bereitschaft da, so werden auch bei den Eltern Schemata und Modi erarbeitet im Hinblick darauf, wie sie sich auf die Kinder auswirken. Der stete Hinweis darauf, dass diese Arbeit der positiven Entwicklung ihres Kindes dient, kann dabei helfen, zu dieser sicherlich schwierigen, manchmal gar psychologisch heiklen, Arbeit zu motivieren, v. a. wenn die Verhaltensauffälligkeiten des Kindes schwerwiegender sein sollten.

Wenn die Fallkonzeption auf die Veränderung von Verhaltensauffälligkeiten zielt, dann müssen in jedem Fall Psycholog*innen und Therapeut*innen eingeschaltet werden, um ggf. von der Pädagogik zu Therapieformen überzugeben. Die psycho(therapeutisch) geschulten Mitglieder des schemageleiteten Teams sollen – im Sinne der Säule 4 – sich auch um die Erzieher*innen kümmern, wenn diese sich überfordert fühlen. Durch Intervision oder Supervision sollten sie ihre Arbeit mit den kleinen, manchmal nervtötenden, Kindern aufarbeiten und reflektieren, um danach umso besser ihre Tätigkeiten ausführen zu können.

Auch hier sind die Methoden des MBCT wichtig: So sollen die Haltungen und „Werte" der Pädagog*innen betrachtet werden: Alte dysfunktionale Modi und Werte werden nochmals wahrgenommen, ohne zu bewerten, um sie dann wieder loszulassen, um Platz zu machen für die Modi des gesunden Erwachsenen, der sich um Kinder und ggf. auch um ihre Eltern und Bezugspersonen kümmert.

3.4 Praxisbeispiele

3.4.1 Umgang mit Gefühlen, z. B. Wut, Aggression

Generell erachten wir es für wichtig, über Gefühle zu sprechen und sie mit dem Kind gemeinsam zu benennen. Auf individueller Ebene könnte ein*e Erzieher*in z. B. zu einem Kind sagen: „Mir ist aufgefallen, dass du jetzt aber so richtig wütend warst!" Und dann kann sie nachfragen, wie sich das angefühlt hat: „War das vielleicht wie ein Erdbeben? Haben deine Hände gezittert? Hast du sie zu Fäusten geballt? Ist dir plötzlich heiß geworden und dein Gesicht rot? Waren dir andere Dinge und Kinder gerade nicht so wichtig? – Ja, das alles, das ist Wut!"

Bei Büchern oder Filmen kann man immer nachfragen: „Hast du dich auch schon einmal so gefühlt? In welchen Momenten? Wieso? Wie war das? Erzähl einmal!" Die Pädagog*innen können die Kinder auch fragen, was sie brauchen, wenn sie einen Wutausbruch haben („Was sollen Mama/Papa dann am besten machen, wenn du wütend bist?") und dann individuell darauf eingehen und schauen, was umsetzbar ist. Grundsätzlich ist es wichtig, dass der Gefühlszustand Wut nicht negativ besetzt wird, sondern als normal und auch notwendig angesehen wird. Allerdings ist wichtig, Kindern einen guten Umgang mit diesem Zustand zu zeigen und dafür zu sorgen, dass die Wut nicht in ein aggressives Verhalten umgewandelt wird.

» „Jedes Gefühl ist wichtig. Jedes Gefühl sagt etwas darüber, was ich/du gerade brauche/brauchst. Gefühle sind Informationen, die lassen uns spüren, was in uns lost ist."
Zitat McKayl und Brandley 2008, starke Emotionen meistern

Vor diesem Hintergrund sollen nun ein paar konkrete Beispiele vorgestellt werden, wie Erzieher*innen Kinder spielerisch dabei unterstützen können, zu lernen, Gefühle zu erkennen und zu benennen. Einige der Spiele können natürlich auch die Eltern zu Hause mit ihren Kindern spielen.

1. **Laufspiel**
   Die Kinder sollen zunächst versuchen, fröhlich zu gehen (springen, lachen). Anschließend sollen sie es wütend, traurig, usw. probieren und im Anschluss darüber sprechen, woran man am Gang merkt, wie sich jemand fühlt und dass jedes Kind auf Botschaften des eigenen und des anderen Körpers reagieren kann.

2. **Gefühle sammeln und darstellen**
   Im Stuhlkreis werden von der Gruppe „Gefühle" gesammelt, die die Kinder kennen (Freude, Trauer, Wut, Glück. usw.). Die pädagogische Fachkraft schreibt die Nennungen zusammen. Anschließend versuchen die Kinder alle Gefühle pantomimisch darzustellen. Unter Umständen kann man von den Darbietungen auch Fotos machen und diese für spätere Spiele verwenden.

3. **Eine Reise ins Freudeland und ins Wutland**
   Die Kinder bewegen sich im Raum. Der/die Pädagog*in erzählt eine Geschichte mit Bewegungsaufforderungen und die Kinder machen diese mit oder erfinden neue:

   » *„Wir fahren heute gemeinsam in ein geheimnisvolles Land. Wir steigen in einen Zug (ein Flugzeug, ein Schiff, …) und fahren sehr, sehr weit weg. Über eine sehr sehr lange Zeit hinweg. Der Zug hält. Wir sind im Land der Freude gelandet. Wir steigen aus und begrüßen die Bewohner des Landes freundlich. Wir lachen, hüpfen und tanzen. Wir tanzen alle im Kreis und lachen uns zu. Alle Kinder machen mit. Nach einer Weile müssen wir weiter. Wir steigen wieder in den Zug und winken den freundlichen Bewohnern des Landes der Freude zum Abschied zu. Wir fahren und fahren, die Reise dauert sehr lang. Plötzlich wird es finster. Uns wird ein bisschen mulmig. Wir sind im Land der Wut. Alle Bewohner hier sind sehr verärgert, wütend und zornig. Sie stampfen mit dem Fuß, schreien umher …"*

   Danach werden Fragen gestellt: Wie fühlen sich die Kinder während der Reise? Wo wären sie gerne länger geblieben? Wo hat es ihnen nicht gefallen?

4. **Gefühle-Kreis-Spiel**
   Dazu werden Karten mit Abbildungen oder Fotos von Gefühlen verwendet. Die Kinder sollen eine Karte ziehen und dazu eine Geschichte erzählen oder das Gefühl, das auf der Karte illustriert wird, durch Körpersprache ausdrücken. Die Mitspieler raten das Gefühl. Stimmt es, kann das Kind, das das Gefühl erraten hat, erklären, woran es das Gefühl erkannt hat.
   Variation Stille Post: Das erste Kind macht eine Grimasse oder einen Gefühlsausdruck zu dem zweiten Kind, dieses muss es nachmachen und an das nächste weitergeben. So geht es im Kreis herum. Ob der Gefühlsausdruck des ersten Kindes den Weg durch den Kreis richtig geschafft hat?

5. **Stimmungsanzeiger**
   Ein Stimmungsanzeiger regt das Kind an, sich mit der Frage „Wie geht es mir im Moment?" zu beschäftigen und sein momentanes Gefühl zu visualisieren. Mithilfe von Emotionssmileys/Emotionskarten kann es mitteilen, wie es sich gerade fühlt. Diese Übung eignet sich zum Beispiel als Tagesbeginn oder Tagesabschluss oder

3

nach bestimmten Situationen (z. B. Konflikte, Streitereien). Das Zeigen der Gefühle mit Smileys hat den Vorteil, dass Kinder sich in bestimmten Situationen nicht verbal ausdrücken müssen, sondern einfach auf das Bild zeigen können. Wenn dieses Spiel mit den Emotionskarten regelmäßig geschieht, lernen die Kinder schnell über ihre Gefühle zu reden.

6. **Gefühle malen**
   Kinder malen lassen: Wie sehen sie innen aus, wenn sie wütend sind? Was brauchen sie, um nicht mehr wütend zu sein? Methoden, um mit Gefühlen der Wut umzugehen, sind:

- **Die Wutbox**

In der Wutbox kann das Kind seine wütenden Gedanken und Gefühle einsperren und sich somit davon befreien. Bemale und beklebe mit deinem Kind einen Karton bunt. Dann könnt ihr ein wütendes Gesicht darauf malen oder so gestalten, wie es euch gefällt. Jedes Mal, wenn dein Kind wütend wird, kann es seine Wut nun abschütteln, in die Box hineinpacken und dann gut verschließen.

- **Der WutWeg Eimer**

Manchmal wissen Kinder einfach nicht, wohin mit ihrer Wut. Sie haben in der Situation keine Taktik parat, wie sie mit ihrem Gefühl umgehen sollen. Dann kann es helfen, die Wut einfach mal heraus zu schreien. Und damit die Wut dann auch wirklich weg ist, eignet sich dazu ein Tretmülleimer sehr gut, der symbolisch, nachdem die ganze Wut hinein geschrien wurde, einfach wieder geschlossen wird, sodass die Wut nicht entweichen kann. Der Wut-Weg-Eimer wird im Klassenraum bereitgestellt, sodass er im Bedarfsfall schnell zum Einsatz kommen kann.

- **Wut-Eimer**
  - Eimer als Trommel benutzen
  - Mit den Händen, Stöcken oder Kochlöffeln können Kinder auf den Eimer schlagen

Bei diesem Spiel können sich Kinder abreagieren, ihre gestauten Aggressionen freien Lauf lassen und ihre Wut kanalisieren.

- **Zeitungsballschlacht**
  - Zeitung zu vielen Bällen knüllen
  - das Kind, seine Geschwister oder Ihr könnt euch beteiligen
  - Ihr dürft Euch mit den Zeitungsbällen bewerfen
  - Das Spiel endet, wenn ihr das Zeichen dafür gebt

Spiele rund um den Ball sind bei Kindern sehr beliebt.

Die Kinder kommen bei diesem Spiel so richtig in Bewegung und können sich abreagieren. Das Schöne an diesem Spiel ist, dass die Kinder bereits an der Spielgestaltung beteiligt sind. Schon das Knüllen des Zeitungspapiers kann dazu beitragen Aggressionen und Frustrationen abzubauen.

- **Wutsack**
 — Füllt zusammen mit Eurem Kind den Bettbezug mit Schaumstoff
 — Ihr könnt den Sack dann an einen Haken oder draußen an einen Baum hängen
 — Das Kind kann, wenn es wütend ist auf den Sack einprügeln
 — Der Sack muss relativ schwer sein, damit er Widerstand bietet
 — Das Kind darf dabei auch nach Herzenslust schreien

Kinder haben mit diesem Spiel ein Ventil, damit sie sich wieder beruhigen können. Sie können dadurch ihre Anspannung abbauen.

- **Schreien**

Kinder dürfen ihre Wut laut hinaus schreien. Sie dürfen dabei schimpfen und alles sagen, was sie vielleicht sonst nicht sagen würden. Auch Schimpfwörter sind erlaubt. Kinder dürfen damit ihrer Wut mal freien Lauf lassen. Sie schreien ihre Wut weg und unterdrücken sie nicht.

- **Kissenschlacht**

Nun, eine Kissenschlacht ist allen Leser*innen sicher bekannt: Jedes Kind erhält ein Kissen und kann damit auf andere Kinder werfen. Dabei gelten jedoch Regeln: Wenn jemand „Stopp" sagt, muss jegliche Aktion gegen denjenigen beendet werden. Grundsätzlich geht es bei der Kissenschlacht um Bewegung und „Herumtoben", aber zugleich um die Regulierung der eigenen Aggression bzw. das Einüben der Rücksicht gegenüber anderen. Eine Variante ist es, die Kissenschlacht ähnlich durchzuführen wie beim Völkerball, wo es also zwei Teams in zwei abgetrennten Bereichen gibt und nur die andere Gruppe mit dem Kissen bewerfen bzw. treffen dürfen. All diese Spiele werden mit der Frage an die Kinder beendet, wie sie diese fanden.

- **Gefühlsumfrage**

Gefühle sind wichtig und bei allen Menschen, ob groß oder klein, ob jung oder alt, vorhanden. In der Gruppe kann erarbeitet werden, wie sich Gefühle äußern können. Was machen die Kinder, wenn sie sauer, wütend, froh oder glücklich sind? Und welche Situationen führen zu den unterschiedlichen Gefühlen? Was macht glücklich, wütend, traurig?

Hierzu können die Kinder gut Illustrationen anfertigen, die zusammen mit den Fotos (siehe oben) ausgestellt werden können.

Und wie es mit den Erwachsenen? Haben die auch Gefühle? Eine Umfrage kann hier Antworten geben. Hierzu gehen die Kinder durch die Kita und befragen Erzieher*innen oder auch Eltern. Was tun Erwachsene, wenn sie sich über etwas sehr freuen oder ärgern?

- **Nein-Doch-Spiel**

„Das Doch und Nein Spiel" – ein Spiel, in dem auch mal leise Kinder die Möglichkeit haben, laut zu sein! Zwei Kinder setzen/stellen sich gegenüber. Es wird mit allen Kindern ein Zeichen vereinbart, welches bedeutet, dass man das Spiel nicht weiterspielen möchte (z. B. Heben einer Hand).

3

Ein Kind sagt immer lauter werdend **Nein** und die anderen Kinder antwortet darauf auch immer lauter werdend **Doch**. Die Kinder spielen so lange, bis ein Kind das Stoppzeichen anzeigt.

▪ Ein Gefühlsparcour in Ihrer Kita

Bauen Sie gemeinsam mit den Kindern im Bewegungsraum einen Gefühlsparcours auf. Hierzu liegen im Bewegungsraum verschiedene Materialien wie Poolnudeln, Luftballons, Chiffontücher, Matten, große Bauwürfel, Balancierbausteine, Plastikteller zum Jonglieren oder Pappe aus. Zum Aufbau des Parcours wird mit einem Gefühlswürfel gewürfelt und die Kinder können gemeinsam überlegen, wie das gewürfelte Gefühl dargestellt werden kann.

Freude: von einem Springbock auf eine Matte springen oder eine Rutsche runterrutschen Wut/Ärger: mit der Poolnudel oder Boxhandschuhen auf eine Matte hauen oder nach gestellten Regeln mit der Poolnudel zu zweit kämpfen Stolz: mit einem Stück Pappe auf dem Kopf balancieren Traurig: eine Höhle bauen und sich hinein kuscheln.

Um die einzelnen Gefühls-Stationen zu kennzeichnen, können die Kinder mit Filzstiften auf Luftballon die passenden Gefühle (trauriges Gesicht, lachendes Gesicht usw.) sichtbar an die Stationen hängen. Dann kann es losgehen!

Tipp: Setzen Sie sich in einer Abschlussrunde mit den Kindern zusammen und tauschen Sie sich über die Erfahrungen beim Gefühlsparcours aus: Haben alle Freude gefühlt, wenn sie vom Bock gesprungen sind? Oder waren denn alle ein bisschen traurig in der Höhle? Oder waren die Gefühle der Kinder beim Parcours unterschiedlich oder ängstlich.

Die folgenden Methoden dienen der Fantasie und der Achtsamkeit:

▪ Fantasiereise

Anhand von Fantasiereisen kann man innere Vorstellungen und Bilder entwickeln. Dies nennt man Imagination. Hierbei wird versucht, sich in einen Ort oder eine bestimmte Situation hineinzuversetzen oder sich daran zu erinnern. Je intensiver man sich in eine solche Situation hineinversetzt, desto mehr werden Körper und Psyche darauf reagieren. Stellt man sich einen schönen Ort der Entspannung vor und achtet dort auch auf die verschiedenen Sinneswahrnehmungen (Sehen, Hören, Tasten, Riechen, Schmecken), so wird der Körper, der ganze Organismus eingeladen, an diesem feinen Ort zu verweilen.

▪ Der Gong (Stilleübung)

„Der Gong" ist eine Übung, bei der die Achtsamkeit im Vordergrund steht. Jedes Kind hat eine andere Wahrnehmungsleistung. Die einzelnen Sinneseindrücke können oft sehr unterschiedlich ausfallen. Bei der Gong-Übung geht es darum, sich seiner Sinneswahrnehmungen bewusster zu werden, diese zu beobachten, und nachzuspüren, was sie in einem verursachen (z. B. Gefühle, Erinnerungen, Bedürfnisse,…). Dadurch wird gelernt, die Aufmerksamkeit auf unterschiedliche Aspekte der Wahrnehmung und Empfindungen zu lenken.

Die Lehrkraft sucht sich vorab einen geeigneten Klangkörper, ein Gong, ein Triangel oder etwas, das für eine gewisse Zeit nachklingt. Dann wird der Gong geschlagen und die Kinder sollen aufzeigen, sobald sie den Gong nicht mehr akustisch wahrnehmen können. Die Kinder sollen im Anschluss an die Übung (ca. viermal Gongschlagen mit längeren, ruhigen Pausen) erzählen, wie es ihnen ergangen ist, was sie gedacht und gefühlt haben (bei den Übergängen Klang und Stille).

3.5 Spezielle Projekte zur Gewaltprävention

Einige dieser Spiele werden auch so oder abgewandelt in den verschiedenen Projekten der Gewaltprävention für Kindergartenkinder verwendet. So wurde das Anti-Aggressionsprogramm „**Faustlos**" (aus dem US-Projekt ‚Second Step' von Manfred Cierpka in Heidelberg auf deutsche Gegebenheiten übertragen, Cierpka 2005) für Kindergartenkinder unter dem Motto „Gib der Gewalt keine Chance" in den städtischen Kindergärten in Wien, aber auch z. B. in Niederösterreich erfolgreich durchgeführt.

Faustlos in Kindergärten wurde Anfang der 2000er Jahre entwickelt und 2004 von den Universitäten Heidelberg und Innsbruck evaluiert. Das Projekt besteht aus 28 Lektionen, in denen kindgerecht und spielerisch über die eigenen Gefühle und die Gefühle anderer gesprochen wird und darüber, wie die Bedürfnisse der Kinder so ausbalanciert werden, dass alle sie in den Grenzen der Bedürfnisse anderer erfüllen können. Vor diesem Hintergrund steht bei dem Faustlos-Curriculum die Beschränkung/Begrenzung aggressiver oder gar gewalttätiger Verhaltensweisen durch die Einübung sozialer Kompetenzen im Mittelpunkt. Protagonisten des Projektes sind zwei Handpuppen, die durch die verschiedenen Lektionen führen. Da gibt es den „Wilden Willi" und den „Ruhigen Schneck".

Die einzelnen Lektionen beginnen mit einer spielerischen Warming up- Phase, gefolgt von einer Bildbesprechung oder der Vorstellung der Handpuppen. Weiterhin stellen die Erzieher*innen ein Modellrollenspiel vor und dar, dass die Kinder dann spielen und damit die Inhalte vertiefen und das Gelernte üben. Wichtig dabei ist auch, dass hier nicht einzelne „Täter" (gemeint sind besonders aggressive oder gewalttätige Kinder) herausgegriffen werden, sondern dass alle gemeinsam soziale Fertigkeiten erlernen. Schließlich bewegt sich ein „Täter" in einem Umfeld, in dem er oder sie sich nicht nur subjektiv provoziert oder angegriffen fühlt, sondern objektiv angegriffen wird. Wenn alle Kinder auf solche Signale achten **und** Problemlösungsmechanismen erlernen, dann wird dies auch das hier als „Täter" bezeichnete Kind verändern.

Erzieher*innen und Pädagog*innen vermelden, dass die Kinder mit den Handpuppen und bei den Rollenspielen viel Spaß haben. Die wissenschaftlichen Evaluationen stellen fest, dass sich die Einstellungen und Verhaltensweisen der Kinder durch das Faustlos-Projekt verändern. Ein wichtiger Aspekt von Faustlos, der auch in der SP zu finden ist, ist, dass die Erzieher*innen selbst viel lernen: Zum einen die Orientierung auf die Ressourcen der Kinder. Zum anderen werden sie sich bei den Lektionen ihrem eigenen Ärger-Management und Umgang mit Problemen und Konflikten bewusster (Schick 2004).

Ein anderes Gewaltpräventionsprojekt ist „**Papilio-3bis6**" (Papilio gibt es auch für ältere Kinder, siehe das folgende Kapitel), ein ganzheitlicher Ansatz, der sich organisch in den KITA-Alltag integriert. Ganzheitlich heißt in diesem Fall, dass das Projekt auf die Kinder, die Erzieher*innen und die Eltern wirken soll (s. Infos auf der Homepage ▶ www.papilio.de; Hess 2018).

Es besteht aus drei Maßnahmen, die ganz einfach in den bereits bestehenden KITA-Alltag eingebaut werden können.

3

3.5.1 Spielzeug-macht-Ferien-Tag

Das Ziel dieser Maßnahme ist, dass Kinder lernen, sich mit sich selbst und mit anderen zu beschäftigen und ohne herkömmliches Spielmaterial kreativ zu spielen. Einmal in der Woche sollte ein solcher, ritualisierter, Tag durchgeführt werden. An diesem Tag werden alle Spielmaterialien weggeräumt und Werkzeug und Bastelmaterial nur dann hervorgeholt, wenn diese für die gemeinsame Aktivität benötigt werden. Die Erzieherin übernimmt dabei eine aktive Rolle, ist aufmerksam, empathisch, sensibel und ist sich ihrer Vorbildfunktion bewusst.

Die Kinder sollen also überlegen, was sie gemeinsam spielen möchten. Die Erzieherin versucht dabei die Kinder zusammenzubringen, insbesondere auch jene, die oft ein wenig für sich sind, in die Gruppe zu integrieren und deren soziale Kontakte mit den anderen zu fördern. Nicht nur, aber gerade auch an diesem Spielzeug-freien Tag werden die beiden übrigen Maßnahmen von Papilio gespielt.

3.5.2 Meins-deins-unser-Spiel

Ziel ist es, im spielerischen Miteinander soziale Regeln und gegenseitige Unterstützung zu erlernen und das Erlernte zu üben. Wie der Name des Spiels bereits andeutet, geht es dabei um den ‚Besitz' von Gegenständen, etwa Spielzeug. Gelernt werden soll, dass die Gegenstände nicht für einen Einzelnen da sind, sondern für alle, und dass alle zusammen im Miteinander und nicht im Gegeneinander Spaß damit haben sollen.

Regeln werden gemeinsam vereinbart und es gibt zwei Gruppen, die für die Einhaltung der Regel in einer überschaubaren Zeit (fünf oder 15 min) Punkte bekommen. Die Kinder sollen sich bei der Einhaltung gegenseitig unterstützen, z. B. sich gegenseitig ausreden zu lassen. Wichtig ist dabei, dass die Erzieher*innen vermitteln, wozu die Regel gut ist und wie man sie am besten einhalten kann. Sie wird dann – bei einem Streit um ein Spielzeug – erfahren, dass das eigene Bedürfnis nach dem Spielzeug mit dem Bedürfnis eines anderen Kindes geteilt werden kann. Dies erfolgt, indem beide zusammen mit ihm spielen.

3.5.3 Paula und die Kistenkobolde

Paula und die Kistenkobolde sind Figuren, die grundlegende Gefühle wie Wut, Traurigkeit, Angst und Freude ausdrücken (Zornibold, Heulibold, Zitterbold, Freudibold). Paula ist ein Kindergartenkind (sozusagen das Kind im Dauer-Clever-Modus), das durch die Gefühlswelt führt. Anhand dieser Figuren lernen die Kinder, wie **ihnen ihre Gefühle und ihr Umgang damit hilfreich sein können**.

Dass ein Zornibold von feurigem Temperament ist, dass seine Wut eine durchaus gesunde Funktion haben kann, aber nicht übertrieben werden, also z. B. nicht in Aggression gegen andere umschlagen sollte, ist offensichtlich. Dass Heulibold eben ein Gefühl der Trauer ausdrückt, das menschlich ist und manchmal notwendig, um mit bestimmten Momenten umzugehen, ist ebenfalls klar. Sie darf aber nicht die Teilnahme am sozialen

Geschehen verhindern und daher ist es notwendig, Heulibold nach einer gewissen Zeit wieder selbstbewusster zu machen und in die Gruppe zu integrieren. Dies selbstbewusst umzusetzen gilt auch für Zitterbold, den Angsthasen, den Unsicheren, den (Über-) Vorsichtigen. Auch seine Angst hat seine guten Funktionen und es gilt zu schauen, in welchen Momenten sie adäquat ist und in welchen Momenten sie überwunden werden sollte. Der Freudibold schließlich ist immer „gut drauf", ein Sonnenschein sozusagen. An ihm gibt es wenig zu ändern – außer, dass er sensibel genug ist zu erkennen, wann Friede, Freude, Eierkuchen einmal nicht passend ist, sondern Empathie für die drei übrigen Kobolde und ihre Gefühle.

Es gibt Paula, ihre Gefühls-Kobolde und weitere Figuren als Marionetten der bekannten **Augsburger Puppenkiste** (!), als Handpuppen, als Aufkleber, als Bilderbuch und auf DVD (siehe Arbeitsmaterialien). Die Figuren als Aufkleber können z. B. frühmorgens auf eine Tafel im Kindergarten aufgeklebt werden, um dann mit den Gefühlen zu arbeiten. Mit den Marionetten bzw. Puppen kann gespielt und geübt werden.

Die sog. ALEPP-Studie (Augsburger Längsschnittstudie zur Evaluation des Programms Papilio-3bis6) hat Papilio-3bis6 evaluiert und ist zu dem Ergebnis gekommen, dass das Programm Verhaltensprobleme der Kinder vermindert bzw. verhindert und grundlegende sozial-emotionale Fähigkeiten gefördert hat. Das gilt insbesondere bei jenen Kindern, die erste Verhaltensauffälligkeiten aufzuweisen hatten. Die Aufmerksamkeits- und Konzentrationsspanne der Kinder war länger, als bei den Vergleichskindern und die zurückhaltenden Kinder wurden besser in die Gemeinschaft integriert.

Da die Längsschnittstudie auch die weitere Entwicklung der Kindergartenkinder, die an dem Programm teilgenommen haben, verfolgte, konnte festgestellt werden, dass Papilio-3bis6-Kinder bessere Leistungen in der Schule aufwiesen, als jene, die nicht an dem Programm teilgenommen hatten. Ein weiteres Ergebnis war, dass die Arbeitsatmosphäre in der Gruppe besser war und dass damit die Erzieher*innen zufriedener mit ihrer Arbeit waren. Dieser Aspekt ist ja gerade auch in der SP von Bedeutung.

3.5.4 Papilio-Elternarbeit

Die Protagonisten von Papilio bieten einen sog. „Papilio-ElternClub" an, bei dem sich die Eltern der Kindergartengruppe in sechs Treffen über Fragen der Erziehung miteinander austauschen. Die Treffen werden dabei von einer sog. ElternClub-Begleiter*In moderiert. Diese/r ist dazu speziell geschult worden. Dabei sollen die Eltern ihre eigenen Erziehungsmethoden in einer partnerschaftlichen Gesprächsatmosphäre reflektieren, um so die Maßnahmen des Kindergartens zu Hause unterstützen zu können. Der grundsätzliche Austausch zwischen Erzieher*innen und Eltern soll gefördert werden.

3.5.5 Weitere praktische Ideen zur Elternarbeit

Wir haben darauf hingewiesen, dass viele der genannten Spiele auch zu Hause von den Eltern gespielt werden können. Daneben gibt es noch die folgenden Übungen, die **Eltern** mit ihrem Kind durchführen können. Die erste dient dem Umgang mit Wut und die zweite der Achtsamkeit.

3

■ **Wuthöhle**

Sie als Eltern bauen gemeinsam mit Ihrem Kind eine Höhle. Diese dient dem Kind als ein Rückzugsort. Wenn Euer Kind wütend ist und seine Ruhe haben möchte, kann es sich in die Höhle zurückziehen. Dort darf es auf die Kissen hauen, auf den Eimer schlagen und schimpfen. Die Höhle zeigt: Wut ist da und soweit auch „OK", aber damit es keinen Schaden für sich selbst und andere anrichtet, braucht sie einen Abladeplatz.

Wenn das Kind wieder aus der Höhle kommt, fragen Sie es, wie es sich nun fühlt, ob die Wut weg ist (und wenn ja, wohin es gegangen ist). Fragen Sie das Kind, ob die Wut in der Höhle gut verstaut ist und ob es die Höhle abschließen will, damit die abgelegte Wut ihr nicht wieder folgt. Wenn das Kind das nächste Mal wütend ist, dann solle es dies formulieren und in die Höhle gehen und sich abreagieren.

Eine zweite Möglichkeit im spielerischen Umgang mit Gefühlen sind Grimassen. Variante 1: Das wütende Kind stellt sich vor den Spiegel und schneidet die wildesten Grimassen. Variante 2: Das Kind kann sich mit seinen eventuell vorhandenen Geschwistern oder mit Euch Grimassen zuwerfen und das Kind fängt schon bald an zu lachen.

■ **Wolkenbilder suchen**

Euch mit Eurem Kind draußen mit einer Decke auf das Gras. Schaut Euch gemeinsam die Wolken an. Was seht ihr? Vielleicht einen Drachen? Ein Schaf? Oder ein Schiff? Wer möchte, kann die einzelnen erkannten Figuren auch in einer selbst ausgedachten Geschichte einbauen. Die Geschichte erfindet Ihr natürlich zusammen mit Eurem Kind. Dieses Spiel hilft den Kindern sich zu beruhigen und zu entspannen. Viele Kinder sind jedoch durch die Reizüberflutung unserer schnelllebigen Zeit schlichtweg überfordert. Oft ist aggressives Verhalten nur ein Zeichen von Überforderung; die Kinder können nicht mit der Situation umgehen, beißen und hauen, können Gefühle nicht verbalisieren.

3.6 Arbeitsmaterialien

3.6.1 Bücher

Autor*in	Titel	Verlag	Alter	Thema oder Geschichte	Modus, Schema, Bedeutung
Abedi, I.; Neuendorf, S.	Dumme Gans, Blöde Ziege	Ars Edition	4–8	Geschichte von Streit und Versöhnung	Wütendes Kind
Bergström, G.	Mehr Monster, Willi	Oetinger		Gruseln/Angst	Ängstliches Kind
Bergström, G.	Willi Wiberg, bist du feige, Willi Wiberg?	Oetinger		Opfer sein; Mut, nicht prügeln zu wollen	Misstrauen

Autor*in	Titel	Verlag	Alter	Thema oder Geschichte	Modus, Schema, Bedeutung
Bergström, G.	Wer rettet Willi Wiberg?	Oetinger		Freundschaft und imaginärer Freund	Verborgener Beschützer
Bergström, G.	Du siehst Gespenster, Willi Wiberg	Oetinger		Angst im Dunkeln	Ängstliches Kind
Boje, K.; Bauer, J.	Juli und das Monster	Beltz	4–	Angst (Klomonster)	Ängstliches Kind
Bröger, A.	Gefühle machen stark	Arena, 6. Aufl. 2010	5	Klassische Alltagsszene mit Gefühlen	diverse Schemata
Bücken-Schaal, M.	Bildkarten Gefühle	Don Bosco	3–	Gefühle	
Loose, Chr.; Graaf, P.; Armour, K.	Schematherapie beim Vorschulkind, Beispiel: Chiara	Beltz	4	Angst, Abhängigkeit und Inkompetenz; praktische Schritte zur Hilfe	Abhängigkeit/ Inkompetenz
Nilsson, U.	Fünf fette Zirkusschweine	Oetinger	4–5	Dick sein	
Pfister, M.	Der Regenbogenfisch	Nord-Süd-Verlag	4–	Eingebildet sein	Grandiosität
Schlossmacher	Das schwarze Huhn	Neugebauer	3–	Außenseiter	Isolation
Velhuijs, M.	Was ist das? Fragt der Frosch	Sauerländer	3–6	Tod	Verlassenheit
Wagenhoff, A.; Leberer, S. (Bilder)	Jule darf auch mal wütend sein	Carlsen 2014	3–	Wut	Wütendes Kind
Wagenhoff, A.; Leberer, S. (Bilder)	Jule darf auch mal traurig sein	Carlsen 2011	3–	Trauer	Verlassenheit
Widerberg, S.; Torudd, C. (Bilder)	Das Mädchen, das nicht in den Kindergarten wollte	Oetinger 1987	3–6/ Eltern	Angst beim Kind, Not der Eltern	Ängstliches Kind

3.6.2 Faustlos für Kindergartenkinder

- **Fäustling-Materialpaket**

Manual mit den didaktischen Zugangswegen und sämtlichen Wochenprojekten, ein Bilderbuch und die beiden Fingerpuppen „Fine" und „Finn".

3

Materialien sind ausschließlich in Verbindung mit der Teilnahme an der entsprechenden Fortbildung des Heidelberger Präventionszentrums (HPZ) erhältlich. Nachbestellungen von Materialien sind nur gegen Vorlage der Teilnahmebescheinigung an der Fortbildung möglich. Bestellungen an hpz@h-p-z.de. Kosten (incl. MwSt) (Manual, Bilderbuch, 2 Fingerpuppen): 199,00 €.

- **Puppen**
Wilder Willi, Ruhiger Schneck

3.6.3 Gewaltpräventionsprogramm Papillo-3–6

- **Bücher**
Scheerbaum, P.: *Paula und die Kistenkobolde: Eine Vorlesegeschichte über Gefühle*. Verlag beta. Auch als Bilderbuch. 9.95 €.
  Peter, Ch.; Sondag, Chr., Mayer, H.; Scheithauer, H.: *Papilio-ElternClub. Erzieher*innenheft*.
  Preis: 14,95 € (nur im Rahmen der Papilio-Fortbildung zur ElternClub-Begleiter*in erhältlich, nicht im Buchhandel)

Papilio: Arbeitsmaterialien für Kitas: Paula-Box.
  Hochwertige Box mit Vorleseheft, Hörspiel-CD, Koboldlieder-CD, Texten und Noten, 4 CDs mit Koboldstimmen, Kobold-Kopiervorlagen. Preis: 78,80 €. Nur erhältlich im Zusammenhang mit der Papilio-3–6-Fortbildung für Erzieher*innen, nicht im Buchhandel!

Papilio: Papilio-3bis6 – Ein Programm für Kitas zur Prävention von Verhaltensproblemen und zur Förderung sozial-emotionaler Kompetenz. Ein Beitrag zur Sucht- und Gewaltprävention. Praxis- und Methodenhandbuch für ErzieherInnen.
  Enthält detaillierte Anleitungen und Materialien für pädagogisches Fachpersonal zur Einführung von Papilio im Kindergarten. Preis: 88,65 €.Nur im Zusammenhang mit der Papilio-Fortbildung erhältlich, nicht im Buchhandel!

- **DVD**
Scheerbaum, P.Paula und die Kistenkobolde: Eine Vorlesegeschichte über Gefühle. Verlag beta, DVD.

- **Puppen**
Zornibold, Heulibold, Zitterbold, Freudibold.
  Puppen der Augsburger Puppenkiste. Aktuelles Programm: „Paula kommt in die Schule".
  ▶ http://www.augsburger-puppenkiste.de/01-theater/01-spitalgasse/06-projekte/index. shtml

Literatur

Bowlby, J. (2014). *Bindung als sichere Basis. Grundlagen und Anwendungen der Bindungstheorie* (3. Aufl.). München: Reinhardt.

Bowlby, J. (1988). *A secure base. Clinical applications of attachment theory.* London: Routledge.

Cierpka, M. (2005). *Faustlos – Wie Kinder Konflikte gewaltfrei lösen lernen.* Freiburg i.Br: Herder

Collard, Patrizia. (2014). *Achtsamkeitsbasierte Kognitive Therapie für Dummies: ein achtwöchiger Kurs für mehr Ausgeglichenheit und Lebensfreude.* Weinheim: Wiley-VCH.

George, C., & Solomon, J. (1996). Representational models of relationships: Links between caregiving and attachment. *Infant Mental Health Journal, 17,* 198–216.

Heinrichs, N., & Lohaus, A. (2011). *Klinische Entwicklungspsychologie Kompakt.* Weinheim: Beltz.

Hess, D. (2018). Papilio-3bis6*: Ein Präventionsprogramm für den Kindergartenalltag. Augsburg. ▶ https://www.papilio.de/papilio-3bis6.html.

Kabat-Zinn, J. (2016). *Mindfulness for beginners: Reclaiming the present moment-and your life.* Boulder: Sounds True.

Kabat-Zinn, J. (2013). *Gesund durch Meditation: das große Buch der Selbstheilung mit MBSR,* vollständig überarbeitete Neuausgabe. München: Knaur.

Kernberg, O. F. (2016). *Hass, Wut, Gewalt und Narzissmus.* Mit einem Geleitwort von Michael Ermann (2. Aufl.). Stuttgart: Kohlhammer.

Klein, M. (1995–2002). In R. Cycon(Hrsg.). *Gesammelte Schriften* (Bd. 1.1, 1.2, 2, 3, 4,1 und 4.2, Übers. E. Vorspohl & W. Wagmuth). Stuttgart: Frommann-Holzboog.

Linehan, M. (2015). *DBT® skills training manual* (2. Aufl.). New York: The Guilford Press.

Loose, Chr, Graaf, P., & Zarbock, G. (Hrsg.). (2013). *Schematherapie mit Kindern und Jugendlichen.* Weinheim: Beltz.

Schell, A., Albers, L., von Kries, R., Hillenbrand, C., & Hennemann, T. (2015). Preventing behavioral disorders via supporting social and emotional competence at preschool age. *Deutsches Ärzteblatt, 112,* 647–654.

Schick, A. (2004). Faustlos durch den Kindergarten. In M.R. Textor & A. Bostelmann (Hrsg.). *Das Kita-Handbuch,* Würzburg. ▶ https://www.kindergartenpaedagogik.de/1137.html.

Weiterführende Literatur

Baierl, A., & Kaindl, M. (2011). *Kinderbetreuung in Österreich. Rechtliche Bestimmungen und die reale Betreuungssituation* (Working Paper 77). Wien: Österreichisches Institut für Familienforschung der Universität Wien.

Das Miteinander lernen …
Anwendungen in der Schule

© Springer Fachmedien Wiesbaden GmbH, ein Teil von Springer Nature 2020
C. Pommer, D. Zöhling, *Schemageleitete Pädagogik im Kinder- und Jugendbereich*,
https://doi.org/10.1007/978-3-658-26547-2_4

Nach Kindergarten und Vorschule beginnt für die Kinder in der Schule schrittweise der sogenannte Ernst des Lebens. Sie ist in den Regelschulen beherrscht von einer vergleichsweise strikten Vorgabe, was wie und zu welcher Zeit gelernt werden soll. Sowohl von der Schule wie von den Eltern, zum Teil auch aus der Gesellschaft (Stichwort: Frühe Bildung) werden Leistungsansprüche an das Kind herangetragen.

4.1 Was Schüler warum und wie lernen (sollen)

Nach Kindergarten und Vorschule beginnt für die Kinder in der Schule schrittweise der so genannte „Ernst des Lebens". Sie ist in den Regelschulen beherrscht von einer vergleichsweise strikten Vorgabe, was wie und zu welcher Zeit gelernt werden soll. Sowohl von der Schule, wie von den Eltern, zum Teil auch aus der Gesellschaft (Stichwort: Frühe Bildung) werden Leistungsansprüche an das Kind herangetragen.

Die Schulzeit, die i. d. R. zehn Jahre andauert, bei Maturand*innen bzw. Abiturient*innen zwölf oder dreizehn Jahre, durchläuft schulsystematische Veränderungen:

4.1.1 Grundschule/Volksschule (Klasse 1–4)

Die ersten vier Schuljahre können strukturell und methodisch in gewissem Sinne als eine Fortführung des Kindergartens bzw. der Vorschule angesehen werden: Die Methoden sind weiterhin eher spielerisch orientiert. Zum Allgemeinen Bildungsziel der Volksschulen in Österreich heißt es:

» „Die Volksschule muss dem Kind Raum und Schutz gewähren, damit es Selbstwertgefühl entwickeln und Vertrauen in die eigenen Fähigkeiten aufbauen kann. Durch eine Situation gefühlsmäßiger Sicherheit und Entspanntheit wird einerseits schulisches Lernen begünstigt, andererseits wird aber auch soziales Verhalten positiv beeinflusst. Eine der wichtigsten Voraussetzungen dafür ist das grundsätzlich wertschätzende Verhalten der Lehrerin bzw. des Lehrers jedem einzelnen Kind gegenüber. Ein Klima des Vertrauens, der Zuneigung, der Anerkennung und Offenheit begünstigt soziale Verhaltensformen der Kinder. Die Volksschule soll den Kindern die Möglichkeit geben, ihre Bedürfnisse und Interessen unter Berücksichtigung anderer Personen wahrzunehmen und zu vertreten." (Österreichisches Bildungsministerium 2012, S. 10).

Die Bedürfnisse der Kinder stehen also im Mittelpunkt und müssen mit den Interessen anderer Kinder und Erwachsener in Einklang gebracht werden. Und die Lehrer*innen sollen sich wertschätzend verhalten.

Der Leistungsgedanke findet jedoch an den österreichischen Volksschulen inzwischen überwiegend wieder anhand der Benotung (sehr gut, gut, befriedigend, ausreichend, nicht ausreichend) eine Bemessungsgrundlage, während in Deutschland überwiegend keine Noten, sondern schriftliche Beurteilungen in den Grundschulen vergeben werden.

Der Leistungsdruck in den Volks- und Grundschulen ist anfangs noch nicht so groß, was sich jedoch in der vierten Klasse insofern ein wenig ändert, als danach festgelegt wird, auf welche weiterführende Schule das Kind kommen wird. Angesichts der Bedeutung des Schultyps für die zukünftige, auch berufliche Entwicklung der Kinder, die insbesondere in Deutschland vorhanden ist, darf dieser Einschnitt nicht unterschätzt werden (Pollak und Reinhard 2016). Zudem gibt es für den Eintritt in eine Allgemeinbildende Höhere Schule (AHS) in Österreich zum Teil Aufnahmeprüfungen, bei der die Noten in der vierten Klasse eine wichtige Rolle spielen.

Rückblickend auf das neurobiologische System des Realitätssinns und der Risikowahrnehmung sei an dieser Stelle erwähnt, dass die Befähigung, die Realität nicht nur zu erkennen, sondern auch die darin schlummernden Risiken wahrzunehmen und im Hinblick auf das eigene Handeln einzuordnen, erst schrittweise beginnt. Kinder und Jugendliche tasten sich in dieser Hinsicht also recht langsam voran und endgültig werden sie erst zu Beginn des Erwachsenendaseins in der Lage sein, sich „gesellschaftskonform", also so zu benehmen, wie es ihre Umgebung von ihnen erwartet.

4.1.2 Die weiterführenden Schulen (5.–8. Klasse)

In weiterführenden Schulen ist die Zeit der überwiegend spielerischen Aneignung des Wissens weitgehend vorbei. Es gibt Noten, die nicht nur den Schüler*innen (und ihren Eltern) eine messbare Größe über ihre Leistungsfähigkeit vermitteln, sondern die auch eine gewisse Konkurrenz unter den Schüler*innen fördern kann. Gibt es in den Leistungsbereichen gewisse Defizite, können bei Volksschüler*innen wie Unterstufenschüler*innen der weiterführenden Schulen Gefühle des Versagens, der eigenen Unzulänglichkeit und der Scham aufkommen und Schemata zementieren. Daneben bergen die zunehmend geschärfte Selbstwahrnehmung und die steigenden kognitiven Fähigkeiten des Kindes Herausforderungen in psychosozialen Bezügen: Streit zwischen den Eltern bis hin zu deren Scheidung und Trennung wird die Kinder noch bewusster belasten und kann bei ihnen zu kindlichen Schuld- und Schamgefühlen führen und bereits ansatzweise vorhandene Schemata verfestigen.

Allerdings beginnt im Schulalter auch eine verstärkte Entwicklung der Modi, die positive Bewältigungsstrategien sind, etwa die Vorläufer des „gesunden Erwachsenen" bzw. „kompetenten, cleveren Kindes". Die im Vorschulalter oft noch unzulängliche Frustrationstoleranz beginnt sich zu verbessern: die Fähigkeit, einen Belohnungsaufschub hinzunehmen, baut sich auf und eine stärkere Empathiefähigkeit tritt zutage.

All das hilft dabei, dass sich das Kind emotional und sozial in den Klassenverband integriert und sein Verhalten im Sinne der Regeln in der Gruppe steuern kann.

4.1.3 Schulabschluss (9./10. Klasse), Berufsausbildung oder Oberstufe der weiterführenden Schulen (ab 9./10. Klasse)

Die Selbstständigkeit, der nun zu Jugendlichen gewordenen Kinder, nimmt zu: sie werden beschränkt geschäftstüchtig, genießen Religionsfreiheit. Die Vorbereitung auf ein von den Eltern unabhängiges Leben, die Suche nach einem Beruf, usw. beschäftigt die Heranwachsenden. Das kann sowohl motivierend sein, aber auch belastend. Der Druck, etwas aus sich zu machen und Leistung zu zeigen, steigt an und kann verunsichern.

Hinzu kommt die Bewältigung der körperlichen Veränderungen, die Integration der sexuellen Orientierung in das Selbstbild, das Körperbild und die Geschlechtsrollenidentität mit dem daraus resultierenden Verhalten als zentrale Entwicklungsaufgaben.

4

Die Bedeutung der Familie wird schrittweise durch Peer-Gruppen ergänzt oder gar ersetzt. Das kann einerseits zu Wert- und Normkonflikten führen, andererseits aber auch zur sozialen Isolation, wenn die Erfahrungen mit der Peer-Gruppe negativ ausfallen.

Extreme maladaptive Schemata können durch sexuellen Missbrauch und/oder andere Gewalterfahrungen ausgebildet werden. Solchen Traumatisierungen oder Frustrationen kann durch verschiedene maladaptive Bewältigungsstrategien begegnet werden: das Misstrauen gegenüber anderen, das „Schikanieren und Angreifen" anderer, das „Fügsame Erdulden" oder Unterwerfen oder die „Zwanghafte Überkontrolle". Mit all diesen Problemen haben die (schemageleiteten) Lehrkräfte zu tun. Was sie zur Bewältigung benötigen, wird im Folgenden aufgezeigt.

4.2 Was Schemageleitete Lehrer*innen benötigen

Lehrer*innen sind für all ihre Schüler*innen in derselben Weise verantwortlich. Sie müssen ihnen neben den Bildungsinhalten gemäß Curriculum oder Lehrplan auch soziale Kompetenzen beibringen. Dabei haben sie gegenüber den Schüler*innen den Gleichheitsgrundsatz zu beachten.

Lehrer*innen haben insofern relativ wenig Zeit, um sich mit einzelnem Schüler*innen zu befassen. Dies geschieht vermutlich vor allem dann, wenn ein Heranwachsender den Unterricht stört und verunmöglicht und so verhindert, dass die Klasse insgesamt ihren Lehrstoff lernt. In diesen Fällen greift die mangelnde soziale Kompetenz von Einzelnen in den Lernerfolg der Gruppe (letztlich das Ziel der Schulbildung) ein.

Schemageleitete Pädagogik befasst sich insofern eher mit den sozialen Kompetenzen bzw. dem Lernen zu lernen und weniger mit den Lerninhalten und ihrer didaktischen Vermittlung. Der multiprofessionelle Charakter der SP zeigt sich in der Schule daran, dass folgende Berufsgruppen zu einem Team zusammenfinden:

- Beratungslehrer*innen, Lehrer*innen, Schulleitung
- Sonderpädagog*innen und (Schul-)Sozialarbeiter*innen
- Mitarbeiter*innen des Jugendamtes
- ggf. Integrationshelfer*innen

Dieses Team unterstützt die Lehrer*innen beim Umgang mit schwierigen Schüler*innen in erzieherischen und pädagogischen Angelegenheiten.

Das Team kann die Problematik aus seinen unterschiedlichen Blickwinkeln betrachten und helfend einwirken bzw. Konzepte zum Umgang erarbeiten (→ Fallbeispiel Kevin).

Wie die Erzieher*innen sollten auch die Lehrer*innen in der Schule – soweit dies eben angesichts ihrer Verantwortung für eine größere Klasse möglich ist – eine ressourcenorientierte und vertrauensvolle Beziehung zu den Kindern und Jugendlichen aufbauen. Ihr Verhalten sollte durch eine einfühlsame, warme, herzliche, authentische, unterstützende und vor allem Ruhe und Zeit ausstrahlende Grundhaltung geprägt sein.

Wenn möglich, sollte dieser Beziehungsaufbau auch auf die Eltern der Schüler*innen ausgeweitet werden. Das wird in der Praxis eher bei den Eltern der unteren Altersstufen der Fall sein, als bei jenen der höheren Stufen (außer die entsprechenden Schüler*innen machen häufiger Ärger) (→ Elternarbeit).

Wichtig im Umgang mit den Schüler*innen ist es, bei jenen, die sich auffällig (oder auch auffällig unauffällig) verhalten, mithilfe der Schemata und Modi an die Ursachen dieser Verhaltensweisen heranzukommen.

In den unteren Klassen 1–4 wird hier das Spiel mit Handpuppen oder Schlümpfen und bei Klassen 5–7 das individualisierte Arbeiten mit Moduslandkarten möglich sein, während in den höheren Klassen intellektuell anspruchsvollere Methoden angewandt werden sollten.

Rollenspiele wären eine geeignete Methode, um Konflikte in der Klasse anhand verschiedener Modi und Bewältigungsstrategien spielerisch zu bearbeiten. Dabei könnten die Schüler*innen ihre Handlungsweisen den Modi zuordnen und reflektieren. Dies könnte z. B. in den Fällen geschehen, in denen das Lernen in der Klasse durch die Konflikte stark beeinträchtigt wird, z. B. auch durch Mobbing einzelner Schüler*innen oder die Verweigerungshaltung einzelner. Damit kann auch Gewaltprävention betrieben werden.

4.2.1 Gewaltprävention

Aggressives Verhalten ist eine der Bewältigungsstrategien, die besonders negativ auf den Klassenverband einwirken. Sie beeinträchtigt den Lernerfolg und die Stimmung in der Gruppe nachhaltig. Daher ist es notwendig, der Aggressivität des Schülers (meist sind es ja eher Jungen, die ein solches Verhalten zeigen) entgegenzutreten. Dazu gehört es, zu ergründen, warum er (oder sie) sich so verhält. Es gilt, die Trigger für die Ausbrüche zu finden bzw. die Schemata zu ergründen, die zu einer steten Grundaggressivität als für sich passendste Bewältigungsstrategie geführt hat.

Es kann eine auf Gewalt basierende Erziehungserfahrung sein, in der andere Formen der Konfliktaustragung keinen Platz hatten. Es kann der Frust über die eigene Leistungsschwäche, die Vernachlässigung im Elternhaus, soziale Isolation, etc. sein, die durch eine dominierende Selbstbehauptung oder Bestrafung anderer nach außen hin, überkompensiert wird. Da auch hier die anderen Heranwachsenden als Peergruppe eine Rolle spielen – als aktive Förderer*innen, aktive Gegner*innen oder als Opfer, sollte in diesen Fällen die gesamte Gruppe einbezogen werden.

Ähnlich geschieht es im No-Blame-Approach gegen Mobbing, wo – verkürzt gesagt – in der Klasse ein Netzwerk für ein Ende des Mobbings geknüpft wird, an dem auch die Mobber*innen mitwirken (Blum und Beck 2010). Dabei werden alle Akteur*innen einbezogen: Schüler*innnen, Lehrkräfte und Eltern, da alle ein z. T. unbewusst handelndes Unterstützer-Netzwerk des Mobbings bilden. Da alle durch ihr Handeln oder Nicht-Handeln in der Praxis involviert sind, zugleich aber auch alle von den negativen Folgen (für den Gemobbten, aber auch für die Stimmung im Klassenraum) betroffen sind, müssen auch alle gemeinsam handeln.

Das systemische Konzept des No-Blame-Approaches fördert die Ressourcen und die Mitarbeit der Schüler*innen, baut auf ein Miteinander der Akteur*innen auf Augenhöhe und benötigt die Selbstreflexion aller Beteiligten im Hinblick auf die Lösung eines Problems (hier: Mobbing).

In Rollenspielen könnten die Clashes der Modi auf spielerische Weise produktiv in Hinblick auf ein Ende der gewaltsamen Handlungen eingesetzt und die dysfunktionalen Bewältigungsstrategien hinterfragt werden.

4.3 Elternarbeit

In den ersten Jahren nehmen Eltern noch etwas intensiver am Schulleben ihrer Kinder teil. Sie können deren Hausaufgaben problemlos unterstützen, erleben, wie sie die ersten Schritte des Lesens und Rechnens gehen.

Die Ablösung der Kinder von den Eltern beginnt erst langsam und damit auch das Loslassen der Eltern gegenüber den Kindern.

Je nach Temperament und vorherrschenden Bewältigungsstrategien der Kinder kann es regelmäßig zu Spannungen zwischen Eltern und Kind kommen, die problematisch sein können. Lehrer*innen und/oder Schulsozialarbeiter*innen sollten Eltern dann Hilfe anbieten, wenn sie Verhaltensauffälligkeiten bei den Kindern feststellen und davon ausgehen, dass bestimmte Schemata und Schemamodi dafür verantwortlich sein könnten. In ihrer Arbeit mit Eltern orientieren sich Lehrer*innen und Schulsozialarbeiter*innen

- an den Grundbedürfnissen der Eltern und ihren aktuellen Zuständen,
- geben Informationen über normale Bedürfnisse und Entwicklungen,
- suchen Zugang zu verletzten Kindanteilen der Eltern,
- geben Hilfe zum Verstehen ihrer oft verfahrenen Situation durch Erklärungsmodelle (u. a. schema- und modusgeleitete Erklärungen),
- leiten die Eltern an, ihre Kinder beim Erwerb bzw. Ausbau von Kompetenzen zu unterstützen (konkrete Tipps, evtl. Modelle im Rollenspiel) und
- sind Modell für den „Anleitungs- und Fürsorgemodus"

Zudem
- konfrontieren sie empathisch mit Unrecht und setzen Grenzen gegenüber elterlicher Gewalt und Missachtung,
- leiten sie Eltern darin an, eigene Bedürfnisse zeitweise auch zurückzustellen und die Bedürfnisse des Kindes wahrzunehmen, zu respektieren, die Leistung der Eltern anzuerkennen und Schuldgefühle zu relativieren sowie zu entlasten und von überzogenen Standards (Perfektionismus) zu befreien,
- geben sie in selektiver Offenheit Beispiele (wenn möglich) aus eigener Erfahrung und
- kennen sie ihre eigenen Schemata und Modi gut, damit sie im „Gesunden Pädagog*innenmodus" den Eltern ein Vorbild sein können und Modus-Clashes verhindern oder minimieren können.

Sofern genügend Schulsozialarbeiter*innen in den Schulen vorhanden sind, werden diese schwerpunktmäßig diese Beratungsarbeit übernehmen. Andernfalls müssen dies dann die in SP geschulten Lehrkräfte selbst übernehmen. Hier wie auch bei der Arbeit mit den Schüler*innen ist die Zusammenarbeit zwischen den multiprofessionellen Akteur*innen, besonders bei Problemfällen wichtig, damit gesichert ist, dass die am besten geschulten Kräfte die sensibleren Teile der Elternarbeit übernehmen.

Auf der anderen Seite muss gelten, dass Pädagogik vor Therapie steht, d. h. die Pädagogik soll durch ihre schemageleitete Arbeit maladaptive Schemata und Modi so vermindern, dass Therapien nicht nötig sind.

4.4 Praxisbeispiele

Für Grund- bzw. Volksschulkinder können viele der in der KITA probierten Übungen und Spiele weiterverwendet werden. Sie sollten ggf. der sich entwickelnden intellektuellen Leistung angepasst, d. h. ggf. in ihren Anforderungen gesteigert werden. Ab einem bestimmten Alter werden allzu kindliche Spiele nicht mehr altersgemäß sein. Spätestens ab der 5. oder 6. Klasse sind Schlümpfe, allzu einfache Puppen, etc. also nicht mehr „angesagt". Grundsätzlich ist es jedoch auch bei Schulkindern weiterhin wichtig und notwendig, den Umgang mit den eigenen Gefühlen zu lernen. Dies ist i. d. R. ein Lernprozess, der das ganze Leben anhalten wird.

4.4.1 Bewegungsspiel Gefühlschaos

Üben Sie mit den Schüler*innen die verschiedenen Aktionen ein:
- Freude: in die Luft springen und jubeln, „Juchu!" rufen!
- Ekel: sich schütteln und „bah" rufen!
- Angst: hinhocken und „uahhh" sagen!
- Wut: in die Luft boxen und „leo" rufen!

Weisen Sie die Schüler*innen an, auf Kommando die soeben trainierten Aktionen durchzuführen. Und zwar so lange, bis Sie ein neues Kommando geben. Nennen Sie der Klasse dazu abwechselnd die verschiedenen Kommandoworte (Freude, Ekel, Angst, Wut). Im Laufe der Zeit können Sie das Tempo steigern. Zur Auswertung dienen folgende Fragen: War es leicht oder schwer, sich in die unterschiedlichen Gefühle hinein zu versetzen? Welche Gefühlsaktion hat euch am meisten Spaß gemacht? Wie geht es dir gerade?

4.4.2 Anregungen für die Elternarbeit

Grundsätzlich können Eltern viele der genannten Übungen auch zu Hause mit ihrem Kind oder ihren Kindern durchführen. Eine weitere erfolgversprechende Übung ist der **Wut-Ball**. Die Durchführung dieses Ansatzes ist dann angezeigt, wenn es vor kurzem eine Situation gab, in der das Kind wütend war. Dabei können auch Geschwister mitmachen.

Die Person, die den Ball in der Hand hält, formuliert einen Satz, der etwas mit Wut zu tun hat: „Wenn ich wütend bin, dann … (möchte ich ganz laut schreien)." Danach wird der Ball jemand anderem zugeworfen, dieser sagt dann vielleicht: „Wenn ich wütend bin, dann … (weine ich ganz schnell)." (Grund- bzw. Volksschul-)Kinder brauchen besonders am Anfang die Hilfe der Eltern, um ihre Wut in Worte zu fassen.

Ziel der Übung ist es, dass die Kinder lernen, das eigene Verhalten zu reflektieren. Sie erkennen, was sie wütend macht und wie sie darauf reagieren. Kinder teilen ihre Gefühle anderen mit und erfahren, wann und warum andere wütend werden. Darüber hinaus lernen sie zuzuhören.

4

Wenn die Eltern an diesem Spiel teilnehmen, lernen sie selbst ebenfalls, sich ihren Gefühlen bewusst zu werden, erkennen, was sie in ihnen auslösen und welche Folgen sie für ihr Verhalten haben können. Die sich so entwickelnde eigene Sensibilität können sie dann ihren Kindern umso glaubwürdiger und verlässlicher weitergeben.

4.5 Gewaltprävention

Für Schüler*innen gibt es einige Angebote der Gewaltprävention, die in Österreich wie auch in Deutschland oder der Schweiz praktiziert werden. Vorgestellt werden an dieser Stelle „Bärenstarkes Miteinander" (Projekt „Happy Kids" in Niederösterreich), „Papilio", „Neue Autorität" und „Faustlos". Sie richten sich in der Tendenz eher an jüngere Schulkinder.

In Niederösterreich gibt es u. a. das Projekt **„Happy Kids"** mit verschiedenen Teilprojekten, die auch für Vorschulkinder angeboten werden (▶ http://www.happykids.at/soziales-miteinander/).

Das Teilprojekt **„Bärenstarkes Miteinander"** dient der sekundären Gewaltprävention, d. h. es soll verhindert werden, dass sich vorhandene, noch nicht manifestierte Konflikte verfestigen. Ziel des Kurses ist es, in Gruppenprozessen Lösungs- und Handlungsmöglichkeiten in Fällen zu finden, in denen es zu gewalttätigen Auseinandersetzungen gekommen ist (z. B. Mobbing/Bullying, Schikanieren, andere Kinder unter Druck setzen oder ausgrenzen). Wichtig ist hier – wie auch in der SP oder in dem oben erwähnten No-Blame-Approach gegen Mobbing – die Zusammenarbeit zwischen Kindern, Eltern und Pädagog*innen.

4.5.1 „Papilio"

Im vorigen Kapitel hatten wir bereits Papilio-3bis6 vorgestellt. Es gibt dieses Projekt auch für Grundschulkinder: Papilio6–9 oder auch „Paula geht in die Schule". Das Projekt, das 2016 ins Leben gerufen wurde, wird wissenschaftlich von der Freien Universität Berlin evaluiert. Federführend ist der dort lehrende Prof. Dr. Herbert Scheithauer. Paula, die Protagonistin der Papilio-Kooperation mit der Augsburger Puppenkiste, und ihre Kistenkobolde kommen also in die Schule. Dort stellen sie sich ‚neuen', d. h. ihnen noch nicht so bewussten, Sekundäremotionen: Neid, Scham, Schuld und Stolz werden mit steigendem Alter bedeutender und sollen an sich bemerkt werden. Sie sind komplexer und können Probleme im Zusammenleben mit anderen auslösen, die gelöst werden sollen.

Eine zentrale Rolle spielen auch hier die Grundschullehrer*innen, die eine viertägige Fortbildung absolvieren und das Gelernte dann im Schulalltag anwenden werden.

4.5.2 „Papilio-Elternarbeit"

Wie bei der Arbeit mit den Kindergartenkindern bereits beschrieben, legt Papilio großen Wert auf die Elternarbeit. Im Papilio-Elternclub können die Eltern an sechs Abenden über ihre Erziehung reflektieren. Ziele der Abende sind

- das Kennenlernen von kindorientierten Erziehungsmaßnahmen,
- die spiegelbildliche Aufnahme der Fördermaßnahmen der Kinder in den Volks- bzw. Grundschulen in den familiären Kontext,
- der Austausch mit den Erzieher*innen und der Eltern untereinander.

Zudem bieten die Erzieher*innen an diesen Abenden den Eltern ihre Unterstützung in Erziehungsfragen an. Für Schüler*innen der weiterführenden Schulen bietet Papilio aktuell keine Fortbildungen an.

Für diese ist jedoch die in vielen Schulen praktizierte Ausbildung zu **Streitschlichter*innen** ein guter Ansatz für Gewaltprävention bzw. für das Erlernen von gewaltfreier Konfliktbearbeitung. Peer-Mediation bedeutet, dass Jugendliche durch die Kenntnisse der Mediation und ihrer Mechanismen in die Lage versetzt werden, eigene Konflikte oder auch Konflikte ihrer Mitschüler*innen zu schlichten. Mediation erfordert das Anerkennen der Positionen beider Konfliktparteien und das Finden einer Lösung, mit der beide Seiten leben können, im Idealfall eine Win-win-Lösung.

4.5.3 „Neue Autorität" bzw. „Autorität durch Beziehung"

Neue Autorität ist ein Ansatz von Haim Omer (2012) für die Arbeit von Lehrkräften mit renitenten und/oder gewalttätigen Schüler*innen. Er wird tendenziell eher bei etwas älteren Schüler*innen angewandt. Es geht dabei um das frühzeitige Erkennen von Konfliktsituationen in der Schule, z. B. bei Mobbingverhalten oder Gewalt gegenüber anderen und/oder Lehrkräften.

Grundlegend ist die Erkenntnis, dass Lehrkräfte Kinder nicht kontrollieren können, wenn diese etwas nicht tun (z. B. Mitarbeit im Unterricht) oder nicht lassen (z. B. Gewaltverhalten) möchten. Vor diesem Hintergrund ist die Selbstkontrolle der Lehrkraft unabdingbar. Sie muss geübt werden. Auch das Wissen um symmetrische und komplementäre Eskalationsprozesse ist wichtig. Im ersten Fall wird Druck mit Gegendruck beantwortet, im zweiten Fall wird nachgegeben und weiterverhandelt.

Das Konzept beruht auf folgenden Annahmen (Omer und Schlippe 2004): Erziehung basiert auf Beziehungen. Eine Beziehung übt dann einen Einfluss auf andere und deren Verhalten aus, wenn sie Nähe spüren lässt und emotional zugewandt ist. Diese Nähe und emotionale Zugewandtheit erfordert Präsenz. Eine Kampfhaltung im Sinne einer symmetrischen Eskalation ist sowohl für die Beziehung, wie die Erziehung schädlich. Eine gewaltfreie Präsenz als Widerstand gegen inakzeptables Verhalten wirkt über Bindung auf das emotionale, weniger auf das kognitive Gedächtnis und geht damit nachhaltig unter die Haut.

Die Technik zeigt sich als eine Art Sit-in oder Präsenz der Eltern bei den Kindern. Dabei wird dem Kind mitgeteilt, 1. welches Verhalten es zu dem Sit-in veranlasst, 2. dass es aus Liebe zum Kind geschieht und keine Alternative gibt und sich nicht gegen die Person des Kindes richtet, 3. dass die Präsenz dazu dient, dass das Kind einen Vorschlag macht, wie das Problem gelöst werden kann. Sofern das Kind im Kampfmodus verbleibt, wird eine Unterstützungsgruppe gebraucht, die die Eltern in ihrem Anliegen stützt.

Übertragen auf die Schule und den Fall einer steten Untergrabung der Autorität der Lehrkraft durch eine/n Schüler*in kann das Unterstützungsnetzwerk aus den Eltern oder

4

sonstige Familienangehörigen des/der „Delinquent*in" bestehen, aber natürlich auch aus anderen Lehrkräften, Schüler*innen (Peers) oder Dritte (hier wäre an das professionelle Team in der schemageleiteten Pädagogik zu denken!).

Gerade die Zusammenarbeit mit den Eltern ist oft schwierig, aber in jedem Fall erfolgversprechend. Ändert sich das Verhalten des/der Schüler*in nicht, dann sollte das Netzwerk gewaltfreie Widerstandsmaßnahmen durchführen, die diesem/dieser ein klares Stopp-Zeichen signalisieren: Bis hierher und nicht weiter! Zugleich aber müssen die Beziehungen zwischen der renitenten oder gewalttätigen Schüler*in und der Lehrkräfte und Eltern gestärkt werden, damit dem Kind klar ist, dass das Verhalten und nicht die Person auf Ablehnung stößt: „Du bist uns willkommen, deine ausgeübte Gewalt, deine Drohungen, das Stehlen, dein Drogenkonsum usw. nicht!"

Da in solchen Extremfällen, wie sie das Beispiel zeigt, die gesamte Schule und deren Umfeld betroffen ist, müssen alle gemeinsam entschlossen handeln, um die Sicherheit aufrecht zu erhalten und eine Lösung für die Probleme zu finden. Jeder Schritt muss transparent gemacht werden, bis die konflikthafte Situation deeskaliert bzw. gelöst ist. Dabei spielt auch die Wiedergutmachung zwischen „Schädiger*in" und „Geschädigtem" eine Rolle, wobei die Reintegration des oder der Schädiger*in in die Gruppe gewährleistet sein muss (Omer 2012). Der Ansatz „Neue Autorität" wird in den Niederösterreichischen Schulbedarfszentren angewendet und den dortigen Lehrkräften gelehrt.

Der bereits erwähnte **„No-Blame-Approach"** ähnelt der „Neuen Autorität" in ihrem systemischen Ansatz und der Einbindung der Akteur*innen in der Schule. Ziel ist es, ein Netzwerk gegen Mobbing mit allen relevanten Akteur*innen in der Schule und ihrem Umfeld zu entwickeln. Sie geht von dem Opfer aus und versucht die Schädiger aktiv bei der Beendigung des Mobbings einzubeziehen. Die gesamte Klasse eines Gemobbten wird zusammengerufen, um – ohne den Gemobbten – eine gemeinsame Lösung für die schlechte Stimmung in der Klasse zu finden. Die verschiedenen Akteur*innen in der Klasse, jene, die dem Mobbenden nahe stehen oder aktiv unterstützen, jene, die neutral sind und jene, die eher an der Seite des Mobbingopfers zu verorten sind, erörtern ihre Beweggründe und gemeinsam wird überlegt, wie die Situation des Opfers verbessert werden könnte. Eine Übereinkunft wird vereinbart und nach zwei Wochen wird geprüft, ob das Mobbing weiter besteht oder aufgehört hat. Nach einer Evaluation von 220 Fällen hat das Mobbing nach dem ersten oder manchmal auch zweiten Mal in knapp 90 % der Fälle (197) aufgehört (Blum und Beck 2010).

Ein professionelles Team, wie es die SP einfordert, könnte solche Ansätze unterstützen, beispielsweise indem es die Kooperation zwischen Eltern, Lehrkräften und Schüler*innen koordiniert und ihr Wissen um Schemata und Modi bzw. Ressourcenarbeit in die Gespräche der Klasse zur Lösung des Mobbing-Problems einbringen.

In Österreich wurde das Gewaltpräventionsprogramm **„Gripso-logisch"**, zunächst erfolgreich in Wiener Kindergärten eingeführt und nun auf die speziellen Bedürfnisse und Probleme von Schulkindern angepasst. Orte des Programms sind die städtischen Hortgruppen, in denen die mehr als 10.000 Volksschulkinder in Wien außerhalb des schulischen Programms betreut werden. Die Protagonist*innen sind zwei Handpuppen: Riki, die kleine Hexe, und Toni, der Zauberlehrling. In insgesamt 26 Übungseinheiten sprechen die Kinder über ihre Gefühle und lernen diese richtig zu deuten. Sie üben in

Rollenspielen das richtige Verhalten bei Konflikten, wie sie mit ihrer Wut umgehen können und erfahren vieles über ihre Rechte, aber auch Pflichten.

Das Projekt wurde in einer einjährigen Testphase von der Universität Wien wissenschaftlich auf seine Wirksamkeit geprüft. Zwei Diplom-arbeiten des Instituts für Entwicklungspsychologie und psychologische Diagnostik (Geppert 2008; Tischer 2008) ermittelten, dass das aggressive Verhalten bei allen Kindern, die am Programm teilgenommen haben, sowohl in der Schule als auch in der Freizeit und zu Hause gesunken, während zugleich das soziale Engagement der Kinder gestiegen sei. Aufgrund dieser Ergebnisse erfolgt nun die flächendeckende Implementierung des Programms.

Schließlich wurde „**Faustlos**" für Kindergartenkinder oben bereits erwähnt. Aus diesem wurde ein spezielles Trainingsprogramm für sechs bis zehnjährige Grund- bzw. Volksschulkinder entwickelt.

In insgesamt 51 Lektionen (◨ Tab. 4.1) werden Empathieförderung, Impulskontrolle, Problemlösungsverfahren und konkrete Verhaltensweisen für den Umgang mit Ärger und Wut gelehrt.

◨ **Tab. 4.1** Lektionen für den Umgang mit Ärger und Wut

Einheiten	Lektionen		
	1. Klasse	2. Klasse	3. Klasse
Einheit I: Empathieförderung: Erkennen der eigenen Gefühle und der anderer; Erkennen der eigenen Bedürfnisse und Anerkennen der Bedürfnisse anderer; Ich-Botschaften kennenlernen und anwenden	1–7	8–12	13–17
Einheit II: Impulskontrolle durch a) Problemlösungsverfahren: 1. Schritt: Analyse der Mimik und Gestik und der dahinter stehenden Gefühle in bestimmten Problemsituationen 2. Schritt: Brainstorming möglicher Lösungen 3. Schritt: Bewertung der Lösungen 4. Schritt: Entscheidung über Lösung und Umsetzung 5. Schritt: Ist Lösung erfolgreich? b) ein Training von Verhaltensfertigkeiten (→ Rollenspiele): z. B. Umgang mit Ablenkungen und Störungen; andere höflich unterbrechen; Umgang mit dem Impuls, etwas zu nutzen, was einem nicht gehört oder die Unwahrheit zu sagen	1–8	9–14	15–19
Einheit III: Umgang mit Ärger und Wut: 1. Schritt: Wie fühlt sich das an? 2. Schritt: Beruhigung 3. Schritt: über Lösung laut nachdenken 4. Schritt: Nachdenken über das eigene Verhalten und über zukünftiges Verhalten in ähnlichen Situationen	1–7	8–11	12–15
Anzahl der Lektionen insgesamt	22	15	14

Nach: Schick und Cierpka (2004, S. 54 ff.)

4.6 Arbeitsmaterialien

4.6.1 Bücher

Autor*in	Titel	Verlag	Alter	Thema oder Geschichte	Modus, Schema, Bedeutung
Baumgart, K.; Schweiger, T.	Keinohrhasen und Zweiohrküken (auch als DVD)	Baumhaus, 2. Aufl. 2010	4–10	Minderwertigkeitsgefühl	Scham und Unzulänglichkeit
Bergström, G.	Willi und sein heimlicher Freund	Oetinger	Ab 5	Schuld und Lügen	Verbündeter Beschützer
Bergström, G.	Mach schnell, Willi Wiberg	Oetinger	5–99	Trotz und Trödeln bei Druck	Verspieltes Kind
Bergström, G.	Nur Mut, Willi Wiberg	Oetinger	5–99	Angst vor der Einschulung	Ängstliches Kind
Bergström, G.	Willi Wiberg und das Ungeheuer	Oetinger	5–99	Schläge, Angst aus Schuld	Aggression, Scham, Schuld
Bergström, G.	Willi Wiberg spielt doch nicht mit Mädchen	Oetinger	5–99	Loyalität und Ausgrenzung	Isolation
Boje, K.	Kirsten Boje erzählt vom Angsthaben	Oetinger	6	Bildreiche Edukation zur Angst	Ängstliches Kind
Burningham, J.	Hans Magnus Deubelbeiss	Sauerländer 1988	7–13	… der Junge, der immer zu spät kam	Strafender Modus
Graaf, P.	Schematherapie mit Kindern, Jugendlichen und Erwachsenen	Beltz 2016		Set mit 56 Bildkarten. Booklet	Alle Schema und Modi
Graaf, P.	Schematherapie. Mit Bedürfnissen, Emotionen und Modi arbeiten	Beltz 2016		Kartenset mit 56 Bildkarten	Alle Modi
Gräßler, M.; Hovermann, E.	Ressourcenübungen für Kinder und Jugendliche	Beltz 2015		Kartenset mit 60 Bildkarten; Booklet	Alle Schema und Modi

Autor*in	Titel	Verlag	Alter	Thema oder Geschichte	Modus, Schema, Bedeutung
Heine, H.	Der Superhase	Middel-hauve	Ab 5	Einer will Supermann sein	Grandiosität
Lindgren, A.	Michel aus Lönneberga (Billderbuch)	Arena	5–99	Junge macht Späße (Strafen)	Strafende Eltern-modus
Maar, P.	Jakob und der große Junge	Arena	6–	Angst vor großen Jungen, Mobbing	Misstrauen
Nöstlinger, C.	Der Kater ist kein Sofakissen	Oetinger	6–	Kater wird eingeengt, findet Freizeit	Bedeutung der Auto-nomie
Oram, H.	Die zweite Prinzessin	Carlsen	4–99	Eifersucht und Benachteiligung	Entbehrung
Peterson, H.	Matthias und das Eichhörn-chen	Oetinger	Ab 7	Tierliebe, Verantwortung, Freundschaft	Einsames Kind
Schubert, I.	Max oder Der Seebär und die Landratte		4–7	Angeber/Angst	Distanz, Beschützer
Velthuijs, M.	Frosch im Glück	Lentz	4–12	Frosch will alles können, bleibt Frosch	Versagen, Grandiosität
Zens, Chr.; Jacob, G.	Schematherapie: Das Modusmo-dell auf einen Blick	Beltz 2015		Poster u. Sammel-mappe mit Arbeitsblättern	Alle Modi.

4.6.2 Materialien der Programme Faustlos, Papilio, Gripso-logisch

Material	Listenpreis ohne Rabatt (incl. MwSt)	Listenpreis mit HPZ-Rabatt (incl. MwSt)
Faustlos Koffer für die Grundschule Inhalt: Handbuch, ein Anweisungsheft (mit dif-ferenziert ausgearbeiteten Lektionen) und 51 Fotofolien und einer CD	578.00 €	498.00 €

4

Material	Listenpreis ohne Rabatt (incl. MwSt)	Listenpreis mit HPZ-Rabatt (incl. MwSt)
Faustlos-Koffer für Sekundarschulen Inhalt: Handbuch, einen Ordner mit den Unterrichtsmaterialien (mit differenziert ausgearbeiteten Lektionen incl. Arbeitsblättern, Hausarbeitsblättern, Rollenspielkarten und Overheadfolien) und eine DVD mit Videovignetten zur Illustration der in einzelnen Lektionen behandelten Kompetenzbereiche	578.00 €	498.00 €

Anmerkung: Materialien sind ausschließlich in Verbindung mit der Teilnahme an der entsprechenden Fortbildung des Heidelberger Präventionszentrums (HPZ) erhältlich. Nachbestellungen von Materialien sind nur gegen Vorlage der Teilnahmebescheinigung an der Fortbildung möglich. Bestellungen an hpz@h-p-z.de.

4.6.3 Präventionsprogramm Papilio-6–9

- **Bücher**

Scheerbaum, P.: Paula im Koboldland: Fortsetzung von „Paula und die Kistenkobolde". Verlag Beta.

» Das Kindergartenkind Paula ist ein Schulkind geworden und zusammen mit seinem Freund Felix erlebt es eine fantastische Reise ins Koboldland. Dort treffen sie Paulas Koboldfreunde Heulibold, Zornibold, Bibberbold und Freudibold wieder und Felix merkt: Die Koboldgeschichte von Paula war echt. Paula und Felix entdecken im Koboldland Blumen, die nach Kuchen duften oder in denen man sich verstecken kann, Wurzelkreise, Farnmatten und Überwurzeln und: die unzufriedene Motzibold und Hüpfibold, der sich vor Schlamm ekelt. Darüber hinaus erzählt diese Geschichte von Freundschaft, Hilfsbereitschaft und Miteinander.

- **CD**

Scheerbaum, P.; Schlesinger, St.; Lackerschmid, W.: Lieder aus dem Koboldland. Acht Lieder zum Mitsingen, Mitmachen und Mitfühlen, Randvoll Records 2013.
Fröhlich, witzig und tiefschürfend begeistern diese Lieder die Kinder.
► https://www.papilio.de/materialien.html
Online-Bestellung unter ► https://www.papilio.de/bestellung.html

- **Gripso-logisch**

► https://www.youtube.com/watch?v=0TSQP_D27Wc

4.6.4 Elternarbeit

Fragebogen für Eltern über die Balance der Bedürfnisse in der Familie.

Bedürfnisse der Eltern (Bitte ankreuzen, was von den beiden Aussagen am ehesten zutrifft)		
Ich kann meine **körperlichen Bedürfnisse** hinreichend zufriedenstellen, habe z. B. meist genug Schlaf, Entspannung, fühle mich meist gesund und sicher vor körperlichen Verletzungen	O O O O O O O	Ich bin mit meinem körperlichen Zustand oft unzufrieden, leide unter Schmerzen, fühle mich öfter krank oder erschöpft oder von seelischen oder körperlichen Verletzungen bedroht
Ich kann meine **materiellen Bedürfnisse** hinreichend zufriedenstellen, habe (finanzielle Sicherheit, Versorgung mit lebensnotwendigen Gütern, z. B. Kleidung, Essen etc.)	O O O O O O O	Meine/unsere finanzielle Situation ist angespannt oder von Schulden geprägt, sodass die Versorgung mit lebensnotwendigen Gütern nicht sicher ist
Mit der Wohnsituation (Größe, Zustand oder Lage der Wohnung) bin ich einigermaßen zufrieden	O O O O O O O	Unsere Wohnung ist sehr beengt oder von Mängeln behaftet. Oder die Lage ist ungünstig
Ich habe mit meinem Kind viel Freude	O O O O O O O	Ich habe wenig Freude mit oder an meinem Kind
Ich kann mein **Bedürfnis nach Spaß und Freude** genügend zufriedenstellen, kann das Leben auch mit Einschränkungen genießen und mich erholen	O O O O O O O	Ich bin sehr unzufrieden über den Mangel an Gelegenheit für das Ausleben persönlicher Interessen und Erleben von Spaß
Ich kann meine **Sexualität** befriedigend erleben	O O O O O O O	Meine Sexualität ist unbefriedigend und konflikthaft
Mein Bedürfnis nach einer verlässlichen **Beziehung** ist genügend zufriedengestellt. Ich habe z. B. das Gefühl, mich auf meine*n Partner*in oder Freund*innen verlassen zu können und bin mit ihrer Zuwendung zufrieden. Ich fühle mich in der Partnerschaft und Gemeinschaft zu Freunden geborgen	O O O O O O O	Meine Beziehung zur Partner*in und zu Freund*innen ist unsicher. Mir fehlt Zuwendung und Geborgenheit in meinen Beziehungen. Ich habe öfter das Gefühl, dass man mich im Stich lässt

Quelle: Loose und Graaf (2014)

- **Material für Schema-Coaching, inkl. Elternarbeit und Supervision**

Migge, Björn und Fränkle, Rudi: 75 Bildkarten Schema-Coaching: Mit 36-seitigem Booklet, Weinheim: Beltz 2015.

Imagination innerer guter Elternanteile
P. Graaf in Anlehnung an eine Übung zur Begegnung mit der Inneren Kraft
Nach Peichl, J. (2007). Innere Kinder, Täter, Helfer & Co, Ego-State-Therapie des traumatisierten Selbst. Stuttgart: Klett-Cotta.

Ich möchte Sie jetzt zu einer Vorstellungsübung bitten. In einer kleinen Erinnerungsphantasie möchte ich Sie einladen, mit positiven Anteilen einer wichtigen Bezugsperson in Ihrer Kindheit Kontakt aufzunehmen. Wichtig ist, dass dieser Anteil oder diese Person **nur gut zu Ihnen** ist oder war, es also in der vorgestellten Szene nur gut mit Ihnen meint. Es kann ein Erlebnis mit ihrem Vater, ihrer Mutter oder ein andere Erwachsener oder zumindest Älterer sein, der im guten Sinne väterlich oder mütterlich zu Ihnen war.

Innerhalb dieser Übung werde ich für eine kurze Zeit die Anrede ändern und Sie Duzen, damit es Ihnen leichter fällt, sich wirklich als Kind vorzustellen.

Setzen Sie sich entspannt auf ihren Stuhl, schließen wenn möglich die Augen oder schauen auf einen Punkt im Raum. Wenn Sie nun ihre Aufmerksamkeit auf ihren Körper richten, können Sie den Atem spüren.

Gehen Sie nun mit ihren Gedanken weit zurück in die Geschichte ihrer Kindheit. Nehmen Sie sich Zeit und machen sich auf die Suche nach einer schönen Situation, die ihnen gut getan hat. Sie können vielleicht eine Szene mit einem Menschen entdecken, der gut zu Ihnen war.

Alle anderen weniger guten Menschen, die jetzt vor Ihren inneren Augen auftauchen sollten, bitte ich Sie, aktiv mit Ihren Gedanken wegzuschicken oder so zu verändern, dass sie nur gut zu Ihnen sind.

4.6.5 Intervision und Supervision

- **Selbstreflektion der Pädagog*innen**

Welche Schemata liegen bei mir als Pädagog*in vor? Welche Auslöser sind mir bekannt? (◾ Abb. 4.1)

- **Übung: Schemata und Modi der Pädagog*innen**

Der Supervisand (Pädagog*in) schildert dem/der Supervisor*in ein Ereignis aus seinem pädagogischen Alltag, durch das er emotional stark aktiviert wurde: Was sind die dazugehörigen Gedanken, Emotionen, Körperreaktionen und Handlungstendenzen?

Der*Die Supervisor*in arbeitet heraus, was genau der Auslöser für die heftige Reaktion der*des Pädagog*in war und exploriert einen möglichen biografischen Bezug dazu:

— Wo hast du so etwas schon mal erlebt? Woran erinnert dich das?
— Welche maladaptiven Schemata bzw. „wunde Stellen" liegen bei dir vor? (falls vorhanden: Ergebnis des Schemafragebogens nutzen)
— Welche Modi wurden bei dir aktiviert? (z. B. verletzbares Kind Bewältigung?)
— Wie verändern sich die o.g. Merkmale (starke emotionale Reaktion) im Modus des gesunden Pädagogen?

Modus-Memokarten für Pädagog*innen (◾ Abb. 4.2)

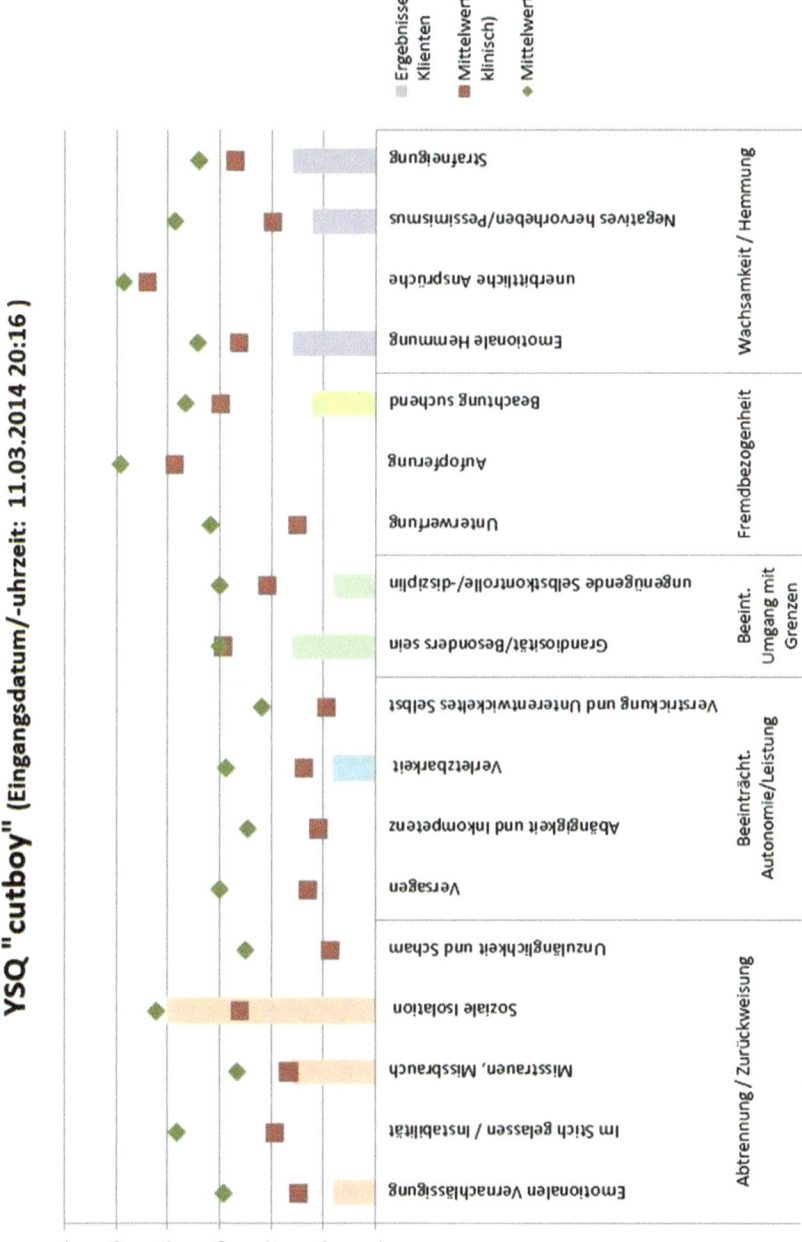

YSQ "cutboy" (Eingangsdatum/-uhrzeit: 11.03.2014 20:16)

Average's data by: Hawke, L.D. & Provencher, M.D. (2012). The Canadian French Young Schema Questionnaire: Confirmatory Factor Analysis and Validation in clinical and Nonclinical Samples. Canadian Journal of Behavioural Science Vol. 44, No. 1, 40–49

Abb. 4.1   Beispiel für Selbstreflexion von Pädagogen

4

Stand: 30.01.2018

Modus-Memo für Pädagogen

1. Situation und erste Gefühle beschreiben:
Wenn das Kind/ der Jugendliche/ die Eltern des Kindes ..... (Auslöser)

fühle ich zu allererst _____

2. Modus und Bedürfnis erkennen:
Ich weiß, dass als erstes wahrscheinlich mein **Modus**[1] _____ „_"
angesprungen ist, den ich mit folgender Erfahrung aus der Vergangenheit verbinde:

Um diesen Modus nicht so heftig spüren zu müssen,
habe ich den **Modus**[2] _____ „_" aktiviert.
Der will dafür sorgen, dass mein Bedürfnis nach
erfüllt wird und es mir in diesem Moment nicht ganz so schlecht geht.
Dieser Modus _____ „_" hat kurzfristig folgende Wirkung:

Ich habe diesen Modus von folgender Person so übernommen:

4. Gesunder Pädagogen-Modus einschalten:
Ich habe mir selbst schon oft bewiesen, dass ich auch eine ganz kluge Seite in mir habe;
den / die _____

[1] Modus für das verletzbare Kind
[2] Modus für das dysfunktionale Bewältigungsverhalten

1

Stand: 30.01.2018

Der/ Die weiß, dass ..... (Gründe, warum der Gesunde Pädagogen-Modus gut ist)

Zu den Beweisen, dass dieser Modus wirklich in mir lebt, zählen:

5. Gesundes Verhalten planen
Wenn in Zukunft mein .... anspringt und ich weiß, dass
dieser Modus mir eigentlich mehr Schlechtes als Gutes bringt, dann möchte ich in meinen
klugen .... gehen und folgendes tun:

2

☐ **Abb. 4.2** Modus-Memo, Reflexionsmöglichkeit für Pädagog*innen

Literatur

Blum, H., & Beck, D. (2010). *No Blame Appproach. Mobbing-Intervention in der Schule. Ein Praxis-Handbuch.* Köln: Fairend.

Geppert, C. (2008). *Gripso-logisch!*. Das Wiener Gewaltpräventionsprogramm für Hortkinder: Diplom-arbeit, Universität Wien. Fakultät für Psychologie.

Loose, Chr, & Graaf, P. (2014). *Schematherapie mit Kindern*. Weinheim: Beltz. (2 DVD-Videos, 330 Min.).

Omer, H. (2012). *Die 7 Säulen der Neuen Autorität nach Heim Omer Modell am Beispiel Schule*. Wien: Bundeskanzleramt. ► https://www.gewaltinfo.at/themen/2012_03/7-saeulen-autoritaet.php.

Omer, H., & von Schlippe, A. (2004). *Autorität durch Beziehung. Praxis des gewaltlosen Widerstandes in der Erziehung*. Göttingen: Vandenhoeck & Ruprecht.

Österreichisches Bildungsministerium. (2012). *Lehrplan der Volksschulen 2012*. Wien: Österreichisches Bildungsministerium.

Pollak, R. (2016). Soziale Mobilität. In Statistisches Bundesamt (Hrsg.), *Datenreport Ein Sozialbericht für die Bundesrepublik Deutschland* (S. 209–217). Bundeszentrale für politische Bildung: Bonn.

Schick, A., & Cierpka, M. (2004). „Faustlos" – Ein Gewaltpräventions-Curriculum für Grundschulen und Kindergärten. In W. Melzer & H.-D. Schwind (Hrsg.), *Gewaltprävention in der Schule* (S. 54–66). Baden-Baden: Nomos.

Tischer, N. (2008). *Evalution eines Gewaltpräventionstrainings für schulpflichtige Kinder – Auswirkungen auf das Selbstkonzept und Selbstwertgefühl*. Magisterarbeit, Universität Wien

Anwendungen in der Kinder- und Jugendhilfe

© Springer Fachmedien Wiesbaden GmbH, ein Teil von Springer Nature 2020
C. Pommer, D. Zöhling, *Schemageleitete Pädagogik im Kinder- und Jugendbereich*,
https://doi.org/10.1007/978-3-658-26547-2_5

Wenn wir uns nun den Anwendungen in der Kinder- und Jugendhilfe zuwenden, dann ändert sich nicht das Alter der Kinder und Jugendlichen, sondern das Ambiente. Während in Kindergarten und Schulen eine Mischung aus verhaltensunauffälligen und -auffälligen Kindern/Jugendlichen vorhanden ist und in einer Gemeinschaft integriert werden sollen, in denen zum einen eine Balance zwischen den Bedürfnissen der einzelnen Kinder und denen der anderen hergestellt werden und andererseits die notwendigerweise vorhandenen Konflikte gewaltfrei bearbeitet werden sollen.

5.1 Was Kinder und Jugendliche warum und wie lernen (sollen)

Wenn wir uns nun den Anwendungen in der Kinder- und Jugendhilfe zuwenden, dann ändert sich nicht das Alter der Kinder und Jugendlichen, sondern das Ambiente. Während in Kindergärten und Schulen eine Mischung aus verhaltensunauffälligen und -auffälligen Kindern/Jugendlichen vorhanden ist und in einer Gemeinschaft integriert werden sollen, in denen zum einen eine Balance zwischen den Bedürfnissen der einzelnen Kinder und denen der anderen hergestellt werden und andererseits die notwendigerweise vorhandenen Konflikte gewaltfrei bearbeitet werden sollen.

Wir hatten zugleich festgestellt, dass Kinder und Jugendliche sich sehr langsam an die Funktion des Realitätssinns und der Risikowahrnehmung herantasten und sich so „vernünftig" benehmen, wie es ihre Umgebung von ihnen erwartet.

Jene, denen dieses „vernünftige" Verhalten noch nicht gut gelingt, können außerhalb von Kindergärten und Schulen den Bedarf an einer zeitweisen ambulanten oder stationären Betreuung in Einrichtungen der Kinder- und Jugendhilfe-Maßnahmen haben. Das sind in Österreich etwa 8 % der Kinder und Jugendlichen unter 21, in Deutschland etwa 6 %.

In Deutschland werden drei Viertel aller Kinder- und Jugendhilfe innerhalb der Familie durchgeführt, überwiegend in der Erziehungsberatung für die Eltern (50 %; siehe unten → Elternarbeit). Weiterhin beziehen sich 10 % auf eine auf die Kinder und Jugendlichen gerichtete Hilfe (z. B. Einzelbetreuung, 6 %, Gruppenbetreuung, 2 %, flexible, z. T. ambulante, z. T. teilstationäre Einzelhilfe, 2 %). 15 % richten sich an die Familie insgesamt, meist als sozialpädagogische (12 %) oder aber als flexible Familienhilfe (3 %) (Zahlen aus Duschek et al. 2016).

Die Vielfalt der Maßnahmen in der Kinder- und Jugendhilfe, aber auch die Schwerpunktsetzung auf die Elternarbeit trifft sich mit den Grundannahmen bzw. den vier Säulen der SP.

Das Ziel einer SP in der Kinder- und Jugendhilfe ist
- die Vermittlung eins grundlegenden Verständnisses von seelischen Grundbedürfnissen, Schemata und Modi,
- die Anwendung von Konzepten und Termini aus der Schematherapie und
- die Integration von wichtigen Bezugspersonen (z. B. Eltern, Geschwistern, Großeltern, aber auch Lehrer*innen, Erzieher*innen, Pädagog*innen in Horten und offenen Ganztagsschulen, Fachpersonal in Jugendhilfeeinrichtungen und Kinder- und Jugendpsychiatrien).

Damit ist die Arbeit in der Kinder- und Jugendhilfe die Zusammenführung aller Akteur*innen, die in diesem Buch in der Chronologie der altersgemäßen Bildungsabfolge behandelt worden sind.

Die SP dient der systematischen Organisierung von Kooperation zwischen den genannten Akteur*innen, um die Resilienz der Kinder und Jugendlichen zu fördern. Und damit etwas, was in der Fachwelt seit Jahren vielfach gefordert wird, aber noch nicht flächendeckend umgesetzt ist.

5.2 Was Schemageleitete Sozialpädagog*innen, Sozialarbeiter*innen und Erzieher*innen benötigen

Die Mitarbeiter*innen in der Kinder- und Jugendhilfe benötigen aus unserer Sicht drei Kenntnisse und Befähigungen, um im Sinne der schemageleiteten Pädagogik handeln zu können:

1. Sie verfügen über Kenntnisse der
   - seelischen Grundbedürfnisse,
   - frühen maladaptiven und adaptive Schemata (EMS) mit dysfunktionalen Coping-Strategien,
   - gängigen Schemamodi (Kindmodi, Kritiker- und Bestrafermodi, dysfunktionale Bewältigungsmodi und Clever-Modus).
2. Sie verfügen über ein reflektiertes Wissen zu den
   - eigenen (aktuellen) Bedürfnissen,
   - eigenen Schemata (EMS bzw. emotionalen Knöpfen) und den eigenen Bewältigungsstrategien, damit Modus-Clashes zwischen Pädagog*innen und Kind bzw. Eltern vermieden werden können.
3. Sie sind in der Lage, den „Gesunder Pädagog*innen-Modus" aufzubauen und zu stärken. Dieser entspricht dem Anleitungs- und Fürsorgemodus bei den Eltern und dem Clever-Modus beim Kind.

Die beiden letzten Punkte sind die neuen Anforderungen, die das Konzept der SP einfordert. Das Verhalten des Kindes in einer pädagogischen Situation hat in seiner Herleitung nicht nur innere Anteile (Schemata, Modi, Bewältigungsstrategien), sondern es reagiert auch auf das soziale Gegenüber, in diesem Fall auf die Sozialpädagog*innen oder Sozialarbeiter*innen.

Die Sozialpädagog*innen müssen nicht nur die Schemata und Modi ihres Gegenüber analysieren und dabei nach den Stärken und positiven Modi suchen, sondern sie müssen sich selbst bewusst sein, dass ihre Haltung dem Kind oder Jugendlichen gegenüber eigene Schemata und Modi transportieren kann, in diesem Fall vermutlich meist die des (Über-)Fürsorglichen, des sich für andere Aufopfernden, womöglich aber auch des fordernden Eltern-Modus.

Das (über-)fürsorgliche Verhalten und der fordernde Eltern-Modus können als Gegenpole begriffen werden: Im ersten Fall könnte der oder die Pädagog*in den Kindern und Jugendlichen, die sich z. B. auffällig verhalten, zu wenig zutrauen, deren Vermeidungsstrategien so unbewusst unterstützen. Oder ihnen zu viel innere Arbeit an sich selbst abnehmen wollen, wenn der Prozess zu langsam von statten geht.

Im zweiten Fall könnte die oder der Pädagog*in dem Kind zu viel abverlangen. Es könnte eine Haltung transportiert werden, dass sich das Kind oder der/die Jugendliche perfekt in die Gemeinschaft einzugliedern habe.

Damit könnte sie oder er unbewusst den Weg zwischen dem Ist-Zustand des Kindes und dem Soll-Zustand als zu groß darstellen, sodass sich das Kind oder der Jugendliche hilflos, unsicher und unterlegen fühlt und glaubt, es werde sich nie ändern können. Und die Kooperation abbricht.

(Erinnern wir uns an die mit 40 % sehr hohe Zahl der nicht planmäßig beendeten Hilfen zur Erziehung!)

Neben dem Aufbau einer guten Beziehung zu den Kindern und Jugendlichen müssen die Sozialpädagog*innen und Sozialarbeiter*innen in der Kinder- und Jugendhilfe auch mit allen anderen Akteur*innen, die mit den jeweiligen jungen Klient*innen zu tun haben (Eltern, Lehrer*innen, Peergruppe), eine vertrauensvolle Beziehung aufbauen. Je größer die Zahl der Personen ist, die die Stärken der Klient*innen fördern, desto besser ist es. Moderations- und Koordinationsfähigkeiten gehören insofern zu den wichtigsten Skills der Sozialpädagog*innen und Sozialarbeiter*innen.

Diese Kompetenzen haben sie in der Regel in der Ausbildung und ihrer pädagogischen Praxis gelernt, nun sollten sie diese Kooperation mit anderen Akteur*innen zusätzlich aus dem Blickwinkel der Schemata und Modi betrachten – die der Kinder und Jugendlichen, die von deren Eltern und die der anderer Akteur*innen inklusiver der eigenen. Denn nur so lassen sich die dysfunktional wirkenden Clashes von Modi im Umgang miteinander vermeiden. So soll ein Netzwerk der cleveren Modi entstehen.

5.3 Elternarbeit

Wir haben bereits darauf hingewiesen, dass die Elternarbeit in Form der Erziehungsberatung zu den wichtigsten Aufgabenbereichen der Kinder- und Jugendhilfe gehört.

Aufsuchende Familienhilfe bzw. Sozialarbeit hat dabei den Vorteil, dass das Umfeld des Kindes, die Wohnverhältnisse und die nähere Umgebung usw. von den Sozialarbeiter*innen selbst erlebt werden und ihre Arbeit mit einbezogen werden können. Mit der Lebensweltorientierung der Sozialarbeit haben sie i. d. R. ein systemisches Denken, das ja auch in der SP vorherrscht.

Die SP kann diese Arbeit vertiefen, indem die Schemata und Modi der Kinder (die die Eltern erkennen) und die der Eltern miteinander in Beziehung gesetzt werden. Die Sozialarbeiter*innen werden sich zusätzlich auch mit den sozialen und wirtschaftlichen Hintergründen der Eltern befassen, um z. B. deren (Arbeits-)Zeitmanagement daraufhin abzuklopfen, inwieweit sich hier Ursachen für eine gewisse oder massive Vernachlässigung der Kinder finden und abstellen lassen.

Eine eingehende Elternarbeit in diesem Sinne nennt man Schemacoaching und besteht aus neun Elementen:

1. Erwartungen an das Schema-Coaching (Ziele)
2. Untersuchung der elterlichen Ressourcen (Onlinematerial)
3. Edukation/Erkundung elterlicher Grundbedürfnisse (Onlinematerial)
4. Edukation und Erkundung von Schemata und Modi
5. Modus-Clashes zwischen Kind und Bezugsperson (Eltern)
6. Korrektur elterlicher Schemata und Modi
7. Anleitung der Eltern zum Umgang mit Modi des eigenen Kindes

8. Aufbau positiver Aktivitäten und Rituale
9. Indikation für weitergehende Interventionen klären (z. B. Paarberatung, Paar-
   therapie, Mediation; Erziehungsberatungsstelle; Konzept: Elterliche Präsenz nach
   Haim Omer, Soziales Kompetenztraining, etc.)

Vielfach zeigt sich, dass sich die Eltern aufgrund dessen, dass das Verhalten der Kinder
eine eigene Erinnerung hervorholt, ganz anders verhalten, als sie vielleicht wollen. Diese
Frage der eigenen Schemata kann z. B. wie folgt verbal abgefragt werden:

>> „Alle Menschen haben wunde Punkte und Verletzbarkeiten. Diese sind oft früh
   entstanden und haben sich darauf ausgewirkt, wie das Leben gelaufen ist. Die
   wunden Punkte sind ein Teil von uns. (Pause) (…) Wir reagieren heute – auch noch
   als Erwachsene – wie damals, als es uns als Kind nicht gut ging und wir nichts oder
   nur wenig dagegen tun konnten. (Pause) Der wunde Punkt kann nun ein Teil der
   Schwierigkeiten sein, in denen wir stecken. (Pause) Wir reagieren auf normale
   Ereignisse übermäßig, wie auf Knopfdruck. (Pause) So etwas nennen wir ‚Schema- oder
   Musteraktivierung' (Pause)."

>> „Ein Beispiel: Ihr Kind verhält sich auf eine bestimmte Art und Weise, und durch dieses
   Verhalten Ihres Kindes rutschen Sie automatisch in ein Verhalten hinein, dass Sie selbst
   gar nicht an sich mögen. Ihr Kind hat dann sozusagen eine wunde Stelle getroffen
   oder man könnte auch sagen einen emotionalen Knopf gedrückt. (Pause) Zum Beispiel
   Mittagstisch mit einem 5jährigen Kind. Dieses stochert lustlos im Essen, beschwert
   sich, ob der Zutaten. Beurteilt die Mahlzeit als „schlecht". Der Vater musste in seiner
   Kindheit stets essen, „was auf den Tisch kam" und Dankbarkeit zeigen, um über-
   haupt versorgt zu werden. Knöpfe werden gedrückt. Die Reaktion des Vaters ist eine
   Reaktion auf dort und damals, passt nicht zum hier und jetzt, kommt unkontrolliert
   automatisch, zu laut, zu heftig und für den Vater selbst im Nachhinein nicht stimmig
   mit seiner „eigentlichen" (Erwartungs-)Haltung. Er schreit seinen Sohn an, beschimpft
   ihn als undankbar, setzt ihn als Person herab. „Du bist ein entsetzliches Kind" und sieht
   nur noch Rot. (Pause)

   Aber: Emotionale Knöpfe kann man schützen, in der Wirkung abschwächen und im
   Idealfall auch ‚heilen'. Dies kann dann auch ein Teil der Elternunterstützung (…) sein,
   z.B. wenn sich zu Hause Streitsituationen immer wieder aufschaukeln, kein Ende nehmen und immer wieder auftauchen. Es ist dann so, als würden Sie sich gegenseitig Ihre
   emotionalen Knöpfe drücken. (Pause)
   Ich möchte Sie deswegen einladen, hier auch über Ihre eigenen wunden Punkte zu
   sprechen: z.B. In welchen Situationen in Ihrer Familie Sie sich nicht mehr erwachsen
   und selbstbewusst fühlen, sondern vielleicht selbst wie ein Kind? Anders gefragt: Was
   können Sie ganz schlecht aushalten, oder wo sind Sie besonders empfindlich und nei-
   gen zur Überreaktion oder zur ‚Flucht' aus der Situation?"

Wenn hier das Bewusstsein für und die Reflektion über die eigenen Schemata geweckt
werden, kann auf die reale Verhaltensebene, die Modi, übergeleitet werden.

5

Etwa mit einer solchen Formulierung:

» „Sie haben beschrieben, wie im Alltag Ihre Stimmungen und Gefühle schwanken können. Das ist zu einem gewissen Ausmaß ganz normal. (Stopp) (…)
Nur wenige Menschen fühlen, denken und handeln konstant und gleichbleibend. Die meisten Menschen spüren deutlich, wenn sie von einem Zustand in einen anderen wechseln, wenn also ein Anteil von ihnen für eine Zeit lang das ganze Fühlen, Denken und Handeln bestimmt, um danach wieder einem anderen Anteil Platz zu machen. (Stopp)
Alle Menschen tragen also verschiedene Anteile und Zustände in sich und es kann sehr hilfreich sein zu wissen, welche die eigenen wichtigen Anteile sind und wie man gut mit ihnen umgehen kann. (Stopp)
Es kann nämlich sein, dass manche Anteile einem das Leben schwer machen. Kennen Sie das, was ich beschrieben habe? (Stopp)
Lassen Sie uns doch mal überlegen, was Ihre wichtigsten Anteile sind?
Es ist hilfreich, wenn wir diesen Anteilen auch Namen geben. (Stopp)
Man kann sie dann nicht nur besser erkennen, sondern auch beeinflussen, z.B. wenn sie hinderlich sind oder Sie Dinge tun oder sagen lassen, die Sie eigentlich nicht wollen (z.B. Ihrem Kind gemeine Dinge zu sagen.) (Stopp)
Wenn Sie erlauben würde ich hier jetzt an dem Whiteboard/auf dem DIN A4 Bogen eine Skizze anfertigen. Okay? (…)
Mich interessieren besonders die Anteile oder Modi, die im Erziehungsalltag auftauchen bzw. eine für Sie wichtige Rolle spielen? So wie ich Sie kennengelernt habe, gibt es eine sehr …. (mit positiven Modi anfangen, z.B. Glücklicher Modus, Anleitungs- und Fürsorgemodus oder Clever-Modus etc.)."

So würden die Schemata und Modi erkundet, aber auch die Werte und Normen benannt und die Stärken der Eltern (wieder-)entdeckt (Glücklicher Modus, Anleitungs- und Fürsorgemodus oder Clever-Modus) werden.

Auf diese Weise können die Eltern also zum einen ihren Anteil an möglichen Verhaltensauffälligkeiten oder gar psychischen Problemen bei ihren Kindern reflektieren, wobei durch die Herausarbeitung der positiven Modi ein womöglich schwer zu bearbeitendes Schuldgefühl („Ich bin schuld, dass mein Kind so ist, …") vermieden werden kann.

5.4 Praxisbeispiele

Die folgenden Praxisbeispiele beziehen sich auf drei Fälle in der Erziehungshilfe bzw. der Betreuung in Wohngruppen. Die anonymisierten Kinder sind drei, acht und elf Jahre alt und repräsentieren damit die Schnittstellen zwischen Kindergarten, Grund- und Sekundarschule und Kinder- und Jugendhilfe. Daher sind sie an dieser Stelle des Buches platziert. Es wird illustriert, wie die drei Säulen der Schemageleiteten Pädagogik – Ressourcenarbeit/Psychoedukation, Fallbesprechung/-konzeption, Elternarbeit und Hinzuziehung von Expert*innen (inkl. Supervision) in der Praxis individuell durchgeführt werden (können).

FELIX, drei Jahre alt

Situation

Felix ist 3 Jahre alt, lebt alleine mit der Mutter in einem Gemeindebau. Er hat kaum soziale Kontakte und geht nur sehr unregelmäßig in den Kindergarten.

Obwohl es keine diesbezügliche Diagnose gibt, wird vermutet, dass seine Mutter psychisch erkrankt ist. Jedenfalls ist sie mit den alltäglichen Herausforderungen massiv überfordert. Dennoch hat sie alle Hilfsangebote des Jugendamtes oder der Familienbetreuungsstellen konsequent abgelehnt.

Die Mutter hat eine auffallend hohe Erwartungshaltung gegenüber ihrem Kind. Sie hat ihm bereits in sehr frühem Alter kein Fläschchen mehr gegeben, keinen Schnuller. Es gab auch keinen Kinderwagen. So konnte sie kaum eine emotionale Bindung vermitteln.

Das Jugendamt ist aufgrund diverser Gefährdungsmeldungen von verschiedenen Seiten (Kindergarten, Krankenhaus, Selbstwahrnehmung durch Betreuung im Familienzentrum) mit dem Fall vertraut.

Schemageleitete Herangehensweise

1. Verletzte Grundbedürfnisse:

   Das Grundbedürfnis der **Autonomie** ist bei Felix sehr eingeschränkt. Die Mutter ermöglicht in seinem Alltag kaum soziale Kontakte, ihm fehlt zudem aufgrund der unregelmäßigen Besuche im Kindergarten die Möglichkeit, altersentsprechende, autonome Lernerfahrungen zu machen. Es liegt augenscheinlich bei Felix keine stabile, sichere **Bindung** zur Mutter vor (und eine andere Bezugsperson gibt es nicht). Es war der Mutter offenbar aufgrund ihrer psychischen Verfassung nicht möglich, diese von Geburt an aufzubauen und zu pflegen. Felix erhält vonseiten seiner Mutter kaum **Anerkennung**, da diese massiv überhöhte Ansprüche an ihn stellt, denen er in seinem Alter schlichtweg nicht gerecht werden kann.

2. Intrinsische Ressourcen:
   - weitgehend altersadäquate Entwicklung (sprachlich und körperlich)
   - offen, für außenstehende Personen zugänglich
   - zeigt normadäquates Sozialverhalten im Kindergarten
   - zeigt deutlich eine Reaktion und macht somit auf sich und seine Situation aufmerksam

3. Externe Ressourcen:
   - Mutter (bei adäquater Behandlung)
   - restliche Familie zeigt großes Interesse und die grundlegende Bereitschaft zu unterstützen
   - Familienzentrum (Sozialpädagog*innen haben eine gute Bindung zu dem Kind)
   - fallzuständige*r Sozialarbeiter*in
   - Kindergarten

Clever Modi:
- andere Bewältigungsstrategien etablieren
- dafür benötigt Felix v. a. Unterstützung, um seine Gefühle zu verbalisieren und langfristig ein anderes Ventil dafür zu finden

5

Reaktion:
- Kind isst in Anwesenheit der Mutter nicht, Fläschchen nimmt er selten, während er im Kindergarten ein weitgehend unauffälliges Essverhalten zeigt

Konsequenz:
- Mutter reagiert sehr aufgebracht, emotionale Ausbrüche infolge ihrer subjektiv empfundenen Hilflosigkeit (Wut, Angst, Trauer, …)
- infolge des problematischen Essverhaltens wird sie regelmäßig beim Arzt und in diversen Ambulanzen des Krankenhauses vorstellig, um eine vermeintlich organische Ursache zu finden
- in Bezug auf Kontingenz und Kontiguität, sind diese Faktoren als durchaus hoch zu beurteilen (Konsequenzen treten immer auf und folgen unmittelbar auf das Verhalten)

Schemageleitete Lösungsansätze
Der Bub Felix passt sich an die krankhaften Umstände adäquat an. Er kann im Kindergarten essen, jedoch verweigert er zum Teil die Nahrungsaufnahme in Gegenwart der Mutter. Das heißt, er vermeidet den Konflikt mit der Mutter. Das ist seine Überlebensstrategie. Die Mutter löst bei ihm Desorientiertheit, Ambivalenz und Chaos sowie Angst und Hilflosigkeit aus. Durch das einfache adäquate Verweigerungsverhalten hat Felix die Situation unter Kontrolle und ist nicht mehr hilflos. Es geht jetzt darum, auf die drohende Hilflosigkeit von Felix Rücksicht zu nehmen und das zukünftig nicht erwünschte Verhalten zu löschen. In Zusammenarbeit mit der Mutter sollen zuständige Sozialpädagog*innen und/oder Therapeut*innen die Situation so planen, dass sich das Kind in der Essenssituation nicht hilflos, schuldhaft, bedroht und gezwungen fühlt.

Notwendigkeit der Elternarbeit: Schemacoaching
Hier empfehlen wir Schemacoaching mit der Mutter, um die Grundbedürfnisse von beiden zu erkennen und in Übereinstimmung zu bringen.
Essen ist nicht nur ein lebensnotwendiger Akt, sondern auch eine mit Lustgefühlen verbundene Tätigkeit. Das Kind versetzt durch die Nahrungsverweigerung die Mutter, die sich für das Wohl des Kindes verantwortlich fühlt, in ein Gefühl der Hilflosigkeit. Die übliche Reaktion der Mutter wäre dann Druck, Aggression, befehlen und eventuell bestrafen. Das Kind hat sein subjektives Hungergefühl als treibende Kraft, aber auch Neugier, Genuss und der „Hunger" nach sozialer Anerkennung.
Neben dem verletzten Bindungsbedürfnis sollte in erster Linie das Autonomiebedürfnis des Kindes gestärkt werden, indem ihm ein lustvoller Essensvorgang, wie es vielleicht im Kindergarten der Fall ist, ohne ein drängenden befohlenes Druckverhalten der Mutter angeboten wird.
Die Mutter wird eingeladen sich ihrer Verhaltensweisen, die als Abwehr des Essverweigern ausgelöst werden, bewusst zu werden. Die zugrunde liegende Hypothese ist, dass ein neutral-freundlich einladendes Verhalten der Mutter das Problem zwar nicht sofort lösen, aber Schritt für Schritt eine Normalisierung herbeiführen wird. In Form von Rollenspielen kann versucht werden, die Szene und Interaktionen zwischen Mutter und Kind nachzuspielen.

Weitere Expert*innen
Alle von Amtswegen mit dem Fall beschäftigten Personen: Kindergärtner*innen, Mitarbeiter*innen des Jugendamtes sowie SP und Therapeut*innen sollten jene Familienangehörige, die besonders große Bereitschaft zur Unterstützung von Felix zeigen, als Expert*innen mit besonderem Zugang zum Kind ansehen und in ihre Maßnahmen einbeziehen.

Jonas, acht Jahre alt

Situation
Jonas ist 8 Jahre alt und lebt seit 5 Jahren gemeinsam mit seinen beiden Brüdern (10 und 7 Jahre alt) in einer Wohngruppe (WG). Die Kinder wurden im Rahmen einer Gefahr-in-Verzug-Maßnahme abgenommen und gleich in die WG gebracht. Zuvor scheiterten diverse ambulante Maßnahmen. Die Kinder wurden nicht adäquat versorgt und es gab massive hygienische und pflegerische Missstände in ihrem Elternhaus. Die Kindesmutter ist selbst aufgrund ihrer eigenen Kindheit schwer traumatisiert und z. T. dissoziiert. Sie befindet sich jedoch in keiner psychiatrischen Behandlung, weshalb es auch keine Diagnosen gibt und ist nicht krankheitseinsichtig. Die Fremdunterbringung wird von der Kindesmutter nur schwer akzeptiert. Der Kindesvater konsumierte übermäßig Alkohol und war gegenüber der Kindesmutter gewalttätig. Die Kindeseltern sind in der Zwischenzeit geschieden. Es gibt alle zwei Wochen Besuchskontakte zu beiden Eltern. Zur Kindesmutter gibt es begleitete Kontakte. Jonas fällt es, sowohl in der Schule als auch in der WG schwer sich an Regeln zu halten. Er hat immer wieder massive Wutausbrüche und zerstört dann Gegenstände, schreit, tobt, geht auf andere Kinder und Erwachsene los. Diese Ausbrüche gehen so weit, dass er bereits mehrmals in die Kinder- und Jugendpsychiatrie gebracht werden musste. Die Wutausbrüche ereignen sich zumeist dann, wenn er überfordert ist, und merkt, dass andere Kinder Dinge besser können als er oder wenn ihm Grenzen gesetzt werden. Aufgrund seiner Wutausbrüche wurde er auch vom Fußballtraining, welches sein größtes Hobby ist, suspendiert.

Schemageleitete Zugänge
Jonas zeigt Aggression, da er Zeuge von Aggressionshandlungen seitens des betrunkenen Vaters gegen die Mutter wurde. Das Erleben von Gewalt zwischen den Eltern ist ein häufiger Grund für eine Traumatisierung des Kindes, weil das Kind einerseits die Hilfsbedürftigkeit der Mutter und damit selbst massiv Bedrohung erlebt. Es ist davon auszugehen, dass er sich Schuld für die Geschehnisse zuschreibt. Zum anderen sieht Jonas im *„erfolgreichen Verhalten"* der väterlichen Identifikationsfigur einen Weg (Lernen am Modell), Konflikte durch aggressives Verhalten zu lösen. Jonas kommt in den aggressiven Modus und wehrt den verletzten Kindmodus durch Identifikation mit dem Täter ab. Dies ist als Überlebensstrategie und Leistung des Kindes erstmal zu würdigen und entschulden. Altersgerechte Aufklärung, was Jonas davon hat, wenn er aufgibt, was ihm bis dato Sicherheit gibt.

5

Aggressiver Modus

Die sportliche Betätigung in einem Mannschaftssport mit striktem Regular und Beschränkung könnte die Aggression von Jonas umleiten und ihm helfen, aus der ambivalent schuldhaft erlebten Identifikation mit dem Täter (d. h. Vater) zu einem sozial anerkannten positiven Ausleben der Aggression im Sport zu kommen.

Wichtig ist es, ein positives Beziehungsangebot zu entwickeln, sei es auf Seite der SP bzw. beim Trainer, um das täterbesetzte ambivalente schuldhafte Vaterintrojekt durch ein berechenbares, geordnetes, die Aggression kanalisierendes Männerbild zu ersetzen. In der SP entspricht das der Nachbeelterung des Kindes.

Kevin, elf Jahre alt

Situation

Kevin, ist 11 Jahre alt und lebt alleine bei seiner Mutter (55 Jahre alt) und seinem Stiefvater (75 Jahre alt). Er hat 3 ältere Brüder (18, 20 und 22 Jahre alt). Er hat kaum soziale Kontakte. Wer sein biologischer Vater ist, ist nicht bekannt.

Kevins Mutter ist massiv überfordert mit den alltäglichen Herausforderungen. Zugleich wirkt sie sehr streng. Sie bekommt Unterstützung in der Lernbetreuung ihres Kindes (aufgrund Kevins massiv forderndem Verhalten während der Hausaufgaben-Situation). Ihr Lebenspartner interessiert sich wenig für Kevin und will eher seine Ruhe. Hilfestellungen seitens des Jugendamtes werden angenommen.

Kevin zeigt sich in der Schule als intelligent, allerdings hat er massive Verhaltens-auffälligkeiten: Stören im Unterricht, verbale unpassende Ausdrücke, aggressives Verhalten anderen Kindern gegenüber, wenig Anschluss.

Die Mutter kann ihm nicht gerecht werden und auch die Lehrer*innen können aufgrund mangelnder Ressourcen nicht adäquat auf das störende Verhalten eingehen. Allerdings besteht grundsätzlich eine gute Bindung zur Mutter und dem ältesten Bruder. Beide kommen zu Besprechungen in die Schule.

Schemageleitete Zugänge

Verletzte Grundbedürfnisse:

1. Autonomie: Die Mutter übernimmt viele Dinge für den Sohn. Kevin kann somit vieles nicht und wird klein-gehalten.
2. Bindung: Die Bindung zwischen Kevin und seiner Mutter ist ambivalent. Es fehlt eine Vaterfigur. Damit ist eine ausgleichende Bindungsfigur nur unzureichend vorhanden.
3. Spiel-Spaß: Kevin hat wenig Möglichkeiten, sich auszuprobieren.

Die intrinsischen Ressourcen von Kevin müssten aufgrund seiner mangelnden Selbstständigkeit von den Schemageleiteten Pädagog*innen herausgefunden und an ihnen gearbeitet werden. Ein Clever Modus müsste entwickelt werden, der die bisherigen Bewältigungsstrategien verändert und neue etabliert. Dabei müssen die externen Ressourcen – Mutter, die übrigen Familienmitglieder (Vater, Brüder) und die zuständigen Sozialarbeiterin des Jugendamtes sowie die Lehrer*innen – einbezogen werden.

> **Schemageleitete Lösungsansätze**
>
> Da der Kindesvater nicht bekannt ist und anzunehmen ist, dass der 75jährige Stiefvater erst später in das familiäre System gekommen ist, ist davon auszugehen, dass eine zunächst sehr intensive Mutter-Kind-Beziehung mit hohem Verwöhnungsangebot bestanden hat, dass das Kind später jedoch die anschließende emotionale Distanzierung der Mutter als Abspaltung erlebt hat. Die Liebe zum Lebensgefährten und die Hinwendung zu seinen Bedürfnissen ging aus der Sicht des Kindes (und objektiv) auf Kosten der emotionalen Versorgung des Kindes und seiner Bedürfnisse. Eine mögliche Hypothese bzw. Zugangsmöglichkeit ist, dass sich dadurch das frühkindliche Schemata der emotionalen Entbehrung entwickelt hat.
>
> Das aggressive Verhalten des Kindes ist als sozialer Druck auf die Mutter mit dem unbewussten Ziel zu sehen, die Mutter für sich alleine zu haben. Der Stiefvater hält sich aus dem Konflikt heraus. Die Mutter befindet sich in einer typischen Double-bind-Situation. Das sozial abzulehnende aggressive Verhalten des elfjährigen Kevin zeigt einerseits die fehlende Vaterfigur und andererseits den kleinkindhaften Universalanspruch auf die Mutter (gekränkter Kind-Modus).
>
> Die SP können in der Form eines sozialen Kompetenztrainings den Selbstwert von Kevin stärken und ihm social-skills im Umgang mit der Peergroup vermitteln. Zusätzlich ist eine Psychotherapie angedacht und eine schemapädagogische Reflexion der systemischen Situation mit der Mutter.

5.5 Arbeitsmaterialien

Grundsätzlich lassen sich die oben gezeigten Arbeitsmaterialien auch in der schemageleiteten sozialpädagogischen Arbeit der Kinder- und Jugendhilfe einsetzen.

Sie hat jedoch nicht mehr den präventiven Charakter, sondern arbeitet eher schematherapeutisch mit den Kindern und vor allem ihren Eltern.

5.5.1 Moduskarten

Für eher jüngere Kinder (siehe oben).

Ab dem Jugendalter, besonders aber in der Elternarbeit lassen sich die Modus Karten von Jacob und Hauer gut einsetzen.

Jacob, Gitta & Hauer, Andrea: *Schematherapie. 75 Therapiekarten.* Mit 28-seitigem Booklet, Weinheim: Beltz 2017.

In diesem Kartenset gibt es Karten

1. für Modi,
2. zur Psychoedukation,
3. für störungsspezifische Modusmodelle (Persönlichkeitsstörungen),
4. für den allgemeinen Umgang mit dysfunktionalen Modi und
5. Aktivitätskarten mit konkreten Vorschlägen.

Im Beratungskontext können besonders die Karten aus Gruppe 1 (Modi) und zum weiteren Umgang mit ausgewählten Modi auch Karten (Gruppen 4 und 5) hilfreich sein. Auch zur gezielten Psychoedukation verschiedener Elemente der Schematherapie lassen sich

◘ Tab. 5.1   Überblick über Techniken für Pädagog*innen

Erarbeitung und Aktivierung von Verhaltensaktiva	Erarbeitung von positiven Eigenschaften, Stärken, Fähigkeiten, Fertigkeiten, Hobbys, Ressourcen
Imaginäre affektive Verstärkung und Verlinkung positiver Situationen/ Bezugspersonen mit positiven Mustern/ Schemata	Erarbeitung positiver Schemata durch das gemeinsame imaginäre Aufsuchen von Bezugspersonen, die zu einem speziellen Moment eine positive Schlüsselsituationen mitgeprägt haben (mit nachträglichem Dank und Wertschätzung)
Begrenzte Nachbeelterung (Limited reparenting)	Die aktive und unterstützende Bemühung, die Grundbedürfnisse des Kindes/der Jugendlichen (Bindung, Autonomie, Selbstwert, Lust/Spontaneität, angemessene Grenzen) innerhalb einer angemessenen fürsorglichen und anleitenden Beziehungsgestaltung zu erfüllen
Empathische Konfrontation (Empathic confrontation)	Empathie für Bewältigungsmodi und Validierung ihrer Funktionen, gleichzeitig fürsorgliche, einfühlsame Konfrontation mit den Bedürfnissen anderer (Kind)-Modi, vornehmlich des verletzbaren Kindes
Angemessene Grenzsetzung (Limit Setting) und maßvolles Fordern	Festlegung von festen, aber fairen Grenzen für einen Bewältigungs-Modus (Intention Check: Klärung, dass es nicht um persönliche Zurückweisung oder Schikane geht). „Du bist etwas ganz Besonderes, ja, aber du hast keine Extrarechte!"

Quelle: HANDBUCH Schemageleitete Pädagogik. Leitfaden für den sozialpädagogischen Alltag, S. 22 (erstellt für einen Workshop von C. Loose in Niederösterreich am 27.05.2018)

Karten aus Gruppe 2 gut verwenden, allerdings liegt auch hier beim gesamten Kartenset die Gefahr, dass wir die Klient*innen mit Informationen überhäufen. Hilfreich ist hier der gezielte Einsatz von Moduskarten, die genau für unsere Klienten zutreffen. Die Karten zur Gruppe 3 (typische Modi bei Patienten mit Persönlichkeitsstörungen) müssen ausschließlich Psychotherapeut*innen (KJP/PP) bzw. Psycholog*innen vorbehalten bleiben.

Die Karten von Peter Graaf (Schematherapie für Kinder und Jugendliche, Weinheim: Beltz Verlag 2016) sind tendenziell für ältere Kinder vorgesehen.

Ein Überblick über Techniken, die schematherapeutisch geschulte Pädagog*innen eigenverantwortlich und entsprechend der jeweiligen Fallkonzeption durchführen können (◘ Tab. 5.1).

Literatur

Duschek, K. J., Pfaff, H., & Rübenach, S. (2016). Soziale Sicherung. In Statistisches Bundesamt/Wissenschaftszentrum Berlin für Sozialforschung (Hrsg.), *Datenreport 2016 – Ein Sozialbericht für die Bundesrepublik Deutschland* (S. 315–333). Bonn: Bundeszentrale für politische Bildung.

Jacob, G., & Hauer, A. (2017). *Schematherapie 75 Therapiekarten Mit 28-seitigem Booklet*. Weinheim: Beltz.

Zusatznutzen: Wie Schemageleitete Pädagogik Gesundheit fördert

© Springer Fachmedien Wiesbaden GmbH, ein Teil von Springer Nature 2020
C. Pommer, D. Zöhling, *Schemageleitete Pädagogik im Kinder- und Jugendbereich*,
https://doi.org/10.1007/978-3-658-26547-2_6

Gesundheit wird nicht mehr einfach als Abwesenheit von Krankheit angesehen, sondern vielmehr verknüpft mit dem Konzept der Lebensqualität. Der so entstandene Begriff der Gesundheitsbezogenen Lebensqualität misst in einem vielschichtigen psychologischen Konzept „das psychische Befinden, die körperliche Verfassung, die sozialen Beziehungen und die funktionale Alltagskompetenz" eines Individuums (Morfeld et al. 2012).

6.1 Wie psychische Probleme die allgemeine Gesundheit beeinträchtigen

Gesundheit wird nicht mehr einfach als Abwesenheit von Krankheit angesehen, sondern vielmehr verknüpft mit dem Konzept der Lebensqualität. Der so entstandene Begriff der Gesundheitsbezogenen Lebensqualität misst in einem vielschichtigen psychologischen Konzept „das psychische Befinden, die körperliche Verfassung, die sozialen Beziehungen und die funktionale Alltagskompetenz" eines Individuums (Morfeld et al. 2012).

So entsteht eine differenzierte, ganzheitliche Sicht auf die physischen, gefühls- und verhaltensbezogenen, geistigen und sozialen Anteile dessen, was ein Individuum als eigene Lebensqualität begreift (RKI 2016). Gesundheitsbezogene Lebensqualität nimmt damit die psychologischen und sozialen Aspekte von Gesundheit ebenso in den Blick, wie Einschränkungen der Alltagskompetenzen unterhalb dessen, was als Krankheit definiert wird. Und schließlich ist eine gute Lebensqualität ein Gradmesser für die Qualität von Therapien, sowie auch für die Qualität von Versorgungseinrichtungen (Morfeld et al. 2012).

Das gilt aus unserer Sicht auch für all die pädagogischen Einrichtungen, die in diesem Buch bisher behandelt worden sind: Kindergärten, Schulen und Einrichtungen der Kinder- und Jugendhilfe. Und die Lebensqualität bezieht sich eben nicht nur auf die Kinder und Jugendlichen, sondern auch auf die Pädagog*innen, Lehrkräfte, Erzieher*innen, Psycholog*innen und Sozialarbeiter*innen. Und die Eltern und sonstigen Familienangehörigen eines Heranwachsenden. Die Anhebung der Lebensqualität muss das Ziel der Gesundheits- und der Bildungspolitik sein.

Die allgemeine Gesundheit und psychologische Probleme sind also wechselseitig miteinander verknüpft. Das gilt besonders stark dann, wenn ein Kind unter einer chronischen physischen Gesundheitsstörung leidet. Diese sind, Studien zufolge, doppelt so häufig von seelischen Beeinträchtigungen oder Verhaltensauffälligkeiten betroffen, als Kinder, die nicht an einer chronischen Krankheit leiden (Thuyen et al. 2012).

Dabei soll folgendes Beispiel als besonders sinnfälliges für viele andere Ereignisse stehen, die resiliente oder weniger resiliente Schemata und Modi aktivieren oder ausschalten können.

Daher halten wir es für angebracht, hier kurz auf die Stadien der Adaption an die chronische Krankheit einzugehen:

1. Schock nach der Diagnose, möglicher Aufbruch und Neuanfang
2. Wut und Enttäuschung beim Kind und bei den Eltern/Geschwister: Warum ich? Warum wir? Wer ist schuld?
3. Trauer im Umfeld: Abschied vom „perfekten" Kind, von eigenen Bedürfnissen, Ertragen der Krankheit des Kindes
4. Das neue Leben akzeptieren

Die Stadien zeigen, dass nicht nur das Kind selbst, sondern auch sein Umfeld stark betroffen sind: So können Eltern bei der Betreuung im Alltag nicht nur physisch und psychisch, sondern auch finanziell überfordert sein. Auch Geschwister können sich vernachlässigt fühlen, da sie in ihren Bedürfnissen zurückstehen müssen. Oder sie können überfordert sein, da sie in schon jungen Jahren an der Betreuung ihres Geschwisterchens mitwirken müssen. Auf der anderen Seite gilt für Eltern wie Geschwister, dass eine gelungene Adaption die eigenen Ressourcen stärkt (Thuyen et al. 2012).

Umgekehrt haben natürlich auch psychische Krankheiten Auswirkungen auf das übrige gesundheitliche Befinden. Häufige Konflikte, mannigfache Frustrationen in allen Lebensbereichen (Familie, Freunde, Schule, Hobbys, Umgang mit sich selbst), soziale Isolation, mangelndes Selbstwertgefühl, Unterwerfungsverhalten oder aber aggressive Dominanz können zu mangelnder ausgewogener Ernährung, sich Ritzen, Hinwenden zu gewalttätigen Personen oder Bluthochdruck führen. Leistungsdruck von Kindern, Eltern, Lehrkräften oder Psycholog*innen kann die Wahrscheinlichkeit zu Medikamentenmissbrauch und Burn-out bedingen.

6.2 Beispiel Burn-out-Prophylaxe

Burn-out ist nicht als eine spezifische Krankheit im Index der Krankheiten (ICD-10) aufgeführt. Sie wird meist als ein emotionaler Erschöpfungszustand definiert, der in Zusammenhang mit chronischem (Arbeits-) Stress bzw. mit der Überforderung innerhalb von Arbeitsprozessen, ursprünglich im Kontext helfender Berufe, steht (Bamber und McMahon 2008). Gegenwärtig ist davon auszugehen, dass sich in vielen Fällen hinter dem Burn-out-Syndrom eine depressive Störung mit allen Krankheitszeichen für diese Diagnose verbirgt bzw. die Symptome des Burn-out-Syndroms als Risikofaktoren für depressive Störungen gesehen werden können (RKI 2016).

Wir haben gesehen, dass die Aufgaben der helfenden Berufe, zu denen auch die Schemageleiteten Pädagog*innen in den in diesem Buch behandelten Einrichtungen gehören, sehr vielschichtig und belastend sind. Nicht nur die Schemata und Modi anderer Menschen (Kinder, Eltern, pädagogische Betreuer*innen), sondern auch die eigenen kennenzulernen und mit ihnen, auch in ihren interpersonalen Wechselwirkungen, zu arbeiten, ist eine große Herausforderung. Für die Gesundheit der Betreuten wie die Gesundheit der Betreuer*innen. Es ist also kein Zufall, dass gerade hier die Zahlen der Burn-out-Syndrome besonders hoch sind.

Der multiprofessionelle Teamcharakter der Schemageleiteten Pädagogik (SP) hilft dabei, ein Hilfsnetzwerk aufzubauen, dass sowohl den zu Betreuenden, also in erster Linie den Kindern und Jugendlichen, als auch den übrigen Akteur*innen (Eltern, Erzieher*innen, Lehrkräfte, Sozialpädagog*innen etc.) dazu zu verhilft, eine gesundheitsbezogene Lebensqualität zu erlangen und zu erhalten. Eine derart differenzierte und herausfordernde Arbeit muss auf mehreren (menschlichen) Säulen stehen, damit sie für alle gelingen kann.

Die gezielte Arbeit an Schemata und Modi aller Beteiligten, die Bearbeitung der Wechselwirkungen und Clashes zwischen diesen und die Arbeit im Team sind aus unserer Sicht die klaren Vorteile der SP im Hinblick auf eine möglichst hohe Lebensqualität.

Dies erfordert in der Praxis ein hohes Maß an Selbstreflexion aller Beteiligten, die nicht einfach hervorzurufen ist. Alle Beteiligten sollten – auch mit Hilfe von Achtsamkeitsübungen – zu einem professionellen, zugleich aber gelassenen und humorvollen Umgang mit sich selbst und den Problemen, um die es in der pädagogischen Arbeit geht, gelangen.

Wir hoffen, dass dieses Buch einen kleinen Beitrag dazu leisten wird und Impulse zur Selbstreflexion liefert.

Literatur

Bamber, M., & McMahon, R. (2008). Danger-early maladaptive schemas at work!: The role of early maladaptive schemas in career choice and the development of occupational stress in health workers. *Clinical Psychology & Psychotherapy, 15*(2), 96–112. ▶ https://doi.org/10.1002/cpp.564.

Morfeld, M., Stritter, W., & Bullinger, M. (2012). Der SF-36 Health Survey. In O. Schöffski & J.-M. Graf von der Schulenburg (Hrsg.), *Gesundheitsökonomische Evaluationen* (4., vollständig überarbeitete Aufl., S. 393–410). Berlin: Springer.

RKI [Robert-Koch-Institut]. (2016). *Gesundheit in Deutschland. Die wichtigsten Entwicklungen. Gesundheitsberichterstattung des Bundes: Gemeinsam getragen von RKI und dem Statistischen Bundesamt (DESTATIS)*. Berlin: Robert-Koch-Institut.

Thuyen, U., Fegert, J. M., & Resch, F. (2012). Wachstum und somatische Entwicklung im Kindes- und Jugendalter – typische und untypische Verläufe. In J. M. Fegert, C. Eggers, & F. Resch (Hrsg.), *Psychiatrie und Psychotherapie des Kindes- und Jugendalters* (S. 3–34). Berlin: Springer.

Schemageleitete Kindergeschichte „Udos geheimnisvoller Spiegel"

Die folgende Kindergeschichte stellt eine praxisorientierte Ergänzung für die Schemageleitete Pädagogik dar und ist speziell für sie geschrieben worden. Sie leistet einen Beitrag für den Erziehungsalltag bzw. zur sozial— und heilpädagogischen Praxis in Kindergärten, Schulen und Kinder— und Jugendhilfeeinrichtungen.

Der Umgang mit den Grundbedürfnissen von Autonomie, Bindung, Freude/Spaß, Struktur, materielle Sicherheit und Selbstwert wird in der schemageleiteten Geschichte behandelt. Die Abbildung dieser Grundbedürfnisse und das Erkennen eigener Stärken und Schwächen, gepaart mit den Kompensationsmöglichkeiten von Erdulden, Überkompensation oder Vermeidung werden aufgezeigt.

Auf das Clever- Ich bzw. Happy-Modus/child, wird das Hauptaugenmerk gelegt. Durch den cleveren Fürsorge- und Anleitermodus des Erwachsenen bzw. der Fantasiefiguren, sollen Modi und Schemata des Kindes positiv beeinflusst werden.

Udo als Hauptfigur erfährt durch seinen Spiegel Erfahrungen, die schemageleitet, kindgerecht aufbereitet werden.

Das Erkennen von zugrunde liegenden psychischen Grundbedürfnissen beim jungen Menschen, steht im Zentrum. Mit dieser Geschichte ist man in der Lage, Psychoedukation bzw. Ressourcenarbeit am jungen Menschen bestmöglich voranzutreiben und nicht zuletzt, dient sie auch der Gewaltprävention. Die Handlungskompetenz im Alltag mit den jungen Menschen wird dadurch erheblich gesteigert. Es ist durch seine lustigen und geheimnisvollen Geschehnisse für Jung und Alt spannend geschrieben und leistet einen erheblichen Beitrag zur ganzheitlichen Erziehung, Gewaltprävention und Gesundheitsförderung.

Udo wohnte seit seiner Geburt mit seinen Eltern und der kleinen Schwester in einem großen alten Haus. Es hatte verwinkelte Gänge und viele Türen, die alle in große weite Räume führten. Eine schwere alte Eichentür mit schwarzen Eisenbeschlägen hatte es dem fünfjährigen Jungen besonders angetan. Wenn diese geöffnet wurde, gab die Tür ein unheimliches und krächzendes Geräusch von sich. Udo durfte den Raum, der sich im hintersten Winkel des Hauses befand, nur im Beisein seiner Eltern betreten.

Doch der kleine rothaarige und sommersprossige Udo war ein aufgewecktes und lustiges Bürschchen, dem der Lauser aus den blauen Augen blitzte.

Unerschrocken schlich sich der Junge an einem Sonntag zur verbotenen Tür und öffnete mühevoll mit großer Anstrengung die schwere Eichentür (vgl. ◻ Abb. 7.1).

Seine Eltern und die kleine Schwester, mit dem schönen Namen Dorsi, schliefen tief und fest im Wohnzimmer ihr Sonntagsschläfchen.

Nun stand Udo ganz allein in dem großen Spinnweben verhangenen Raum. Eine alte Deckenlampe bewegte sich quietschend im Luftzug des weit geöffneten Fensters. Aus Kästen schauten ihn alte Gegenstände, die nicht mehr gebraucht wurden, entgegen, als ob sie zu ihm sagen wollten „Hol uns hier heraus!" Körbe und Schachteln stapelten sich in einer Ecke und alles sah sehr verlassen und traurig aus.

Aber was war denn das? Im hintersten Eck des großen Raumes fiel ein Sonnenstrahl auf einen Spiegel mit prächtigem, goldfarbigem Rahmen. Der Spiegel bestand aus hohem schmalem Glas von einem wunderbar hellen Lichterglanz. Er lehnte elegant an einer vergilbten Tapetenwand und davor lag ein dicker Teppich aus längst vergangenen Zeiten.

Udos Herz schlug ihm bis zum Hals. So laut, dass er Angst hatte, es könnte ihm zerspringen. Denn was er sah, berührte sein kleines Kinderherz ungemein. Der Spiegel begann zu leuchten, sodass der ganze Raum im hellen Glanz erstrahlte. Die Angst

◘ Abb. 7.1 Udo und die verbotene Tür. (© Zeichnung Elisabeth Kihßl)

schnürte Udo fasst die Kehle zu. Er spürte, dass seine Handflächen feucht wurden und eine Gänsehaut kroch über seinen Rücken. Statt seinem Spiegelbild erblickte er eine wundersame helle Gestalt, die zu ihm mit ruhiger Stimme sprach: „Du bist ein unerschrockenes, ungestümes und launiges kleines Bürschchen, das ich viele Jahre mit meinen Erfahrungen und Weisheiten begleiten werde!" Mit leiser werdender Stimme zeigte die helle Gestalt im Spiegelglas auf die vier Spiegelecken und sagte zu Udo: „In den nächsten Jahren wirst du diese nun erscheinenden vier Spiegelbildfiguren in deinen verschiedenen Gemütslagen abrufen dürfen. Diese, meine Gehilfen, werden dir mit Rat und Tat zur Seite stehen!"

Sekunden später verschwand die leuchtende Gestalt am Spiegelglas. Und siehe da, im linken oberen Spiegeleck erschien eine kleine witzige Gestalt, die lustig hin und her hüpfte und rief: „Ich bin Gaudi-Raudi und begleite dich immer wenn du zu übermütig wirst!" (vgl. ◘ Abb. 7.3). „Ja", sagte Udo zur Witzgestalt, „das ist gut, denn meine Mama sagt immer wieder zu mir: ‚Übermut tut selten gut!'"

Am oberen rechten Spiegelrand erschien jetzt ein vor Angst bebender kleiner Mann, der am ganzen Leib zitterte. Ich bin Angsti-Bangsti und immer wenn du Angst verspürst kommst du zu mir und ich werde dir helfen, deine Angst zu bewältigen. „Und jetzt sieh nach dem unteren linken Spiegeleck", sagte mit bedeutsamem Blick Angsti-Bangsti zu Udo. „Ja, ja", antwortete der kleine Lauser ganz keck und starrte mit roten Wangen ins untere rechte Spiegeleck.

7

Da tauchte ein wütender, dicklicher kleiner Zwerg auf, der vor Wut bebte, bei dem sich eine Zornesfalte auf der Stirn bildete und der sich seine schütteren, langen weißen Haare raufte (vgl. ◨ Abb. 7.2). „Ich bin Wudi-Rudi!", rief er, „und ich werde dir dabei helfen, immer wenn du eine große Wut im Bauch hast, diese in den Griff zu bekommen." Automatisch schaute Udo jetzt ins rechte untere Spiegeleck. Und wirklich, da erschien ein kleines, zierliches Figürchen und dies sagte mit zaghafter Stimme: „Ich bin Weini-Reini und schon ganz nass!" Seine Tränen rannen in Bächen über seine Wangen herab und seine Füßchen standen in einem Tränenmeer.

Udo hockte mit weit aufgerissenem Mund und staunenden Augen vor dem alten, aber wunderschönen Spiegel, der jetzt ruhig, als wäre nichts geschehen, an der Wand lehnte.

Udos Eltern hatten inzwischen verzweifelt nach dem kleinen Racker gesucht. Als sie seine Gestalt im hintersten Winkel des verbotenen Raumes entdeckten, vergaßen die Eltern zu schimpfen und erhoben dankend die Hände zum Gebet, denn sie waren froh ihren geliebten Sohn unversehrt wiederzuhaben.

Am Abend verkroch sich Udo in seinem Bett, in diese kleine wohlige Höhle der Geborgenheit, wo keine Gefahren lauerten. Er war dankbar für die Fürsorge seiner Eltern und die Liebe, die ihm seine kleine Schwester Dorsi entgegen brachte. Er schloss seine Augen, und plötzlich war er mit seinen Gedanken allein. War das Erlebte nur ein Traum? Doch die Botschaft war klar – der Spiegel war sein Geheimnis, wie wunderbar!

Viele Jahre zogen ins Land und in regelmäßigen Abständen ging Udo ins Spiegelzimmer, so wurde inzwischen der große alte Raum von Udo genannt. Er ging dann immer prüfend vor dem Spiegel auf und ab, ob sich die Spiegelfiguren wohl zeigen würden? Doch nichts dergleichen passierte, bis eines Tages folgendes geschah:

Udo war im achten Lebensjahr als ihn wieder einmal seine gleichaltrigen Spielkameraden zum Spielen besuchten. Unbekümmert liefen die Kinder über die Wiese. Udo hüpfte und sprang mit seinen Freunden um die Wette. Sie wälzten sich im Gras und kugelten den Abhang hinunter, bis sie zu dem Erdloch, welches mit Brettern abgedeckt war, kamen. Trotz Verbot von Udos Eltern, diese Bretter nicht vom Erdloch zu entfernen, riskierte Udo einen Blick unter die morschen Holzlatten. Darunter verbarg sich ein mannshohes Erdloch, das bis zur Hälfte mit Grundwasser gefüllt war. Da fiel es Udo plötzlich ein, doch über die desolaten Holzbretter zu laufen und schon war es geschehen. Udo krachte mit voller Wucht durch die Holzbretter und fiel kopfüber ins schmutzige Grubenwasser. Den Kindern blieb förmlich das laute Lachen und Gejohle im Hals stecken und die Gaudi war schlagartig vorbei. Geistesgegenwärtig zogen alle Spielkameraden an Udos Füßen und befreiten ihn schließlich aus seiner misslichen Lage. Die Kinder machten sich mit dem pitsch patsch nassen Udo hurtig auf den Heimweg. Alle hatten vor Aufregung ganz rote Wangen bekommen. Leise und zerknirscht standen die Rabauken vor Udo's Eltern und erwarteten sich eine ordentliche Standpauke. Doch der Vater sprach zu den Kindern mit erleichternder Stimme: „Jetzt habt ihr den Katzenjammer!" Die Mutter sagte mit strengem Blick: „Ihr seht jetzt, Übermut tut selten gut!" Beide Elternteile bedankten sich bei den Kindern für die umsichtige Hilfestellung, die sie an ihrem Sohn geleistet hatten. Alle Spielkameraden bekamen noch ein Stück selbstgebackenen Kuchen als Belohnung.

Dass kein Kind Udo im Unglück allein gelassen hatte, zeigt von großer Verantwortung seinen Mitmenschen gegenüber. Diesbezüglich lobte der Vater die Kinder ganz besonders. Er hielt aber auch Udo seinen Ungehorsam vor Augen und erklärte ihm nochmals die Wichtigkeit der Vorgaben seiner Eltern zu befolgen.

☑ **Abb. 7.2**   Udo und der Spiegel. (© Zeichnung von Elisabeth Kihßl)

7

◼ Abb. 7.3   Gaudi- Raudi. (© Zeichnung Elisabeth Kihßl)

Müde schmiegte sich Udo an die Seite seiner Mama, die sogleich ihre Arme um ihn legte. „Entschuldigung!", brummte Udo noch, und dann schlief er auch schon ein.

Am nächsten Morgen schlich sich Udo mit gesenktem Kopf erneut in das Spiegelzimmer, um nach dem wundersamen Spiegel zu sehen, denn er war sehr gespannt, ob ihm der Spiegel eine Rüge erteilen würde? Und wirklich ……im Spiegelglas tauchte Gaudi-Raudi auf und hüpfte aufgeregt vom linken Spiegeleck in die Spiegelmitte und fuchtelte mit seinen dünnen Ärmchen wild herum. „Siehst du nun, was ich für eine Arbeit gestern mit dir hatte? Ich gab mir alle Mühe dich zu beschützen!", schrie ihn das Männchen an. „Mach das nie wieder und sei deinen Freunden für die schnelle Rettung aus der Grube dankbar und zugleich sei froh, dass du so verständnisvolle Eltern hast. Eigentlich sollten sie dich ab jetzt „Raudi" nennen, diesen Namen hättest du dir nach dieser Aktion eine Zeit lang verdient!" Die kleine Witzfigur drehte sich hüpfend um und flugs war er von der Spiegelfläche verschwunden.

Von da an ahnte Udo, dass es Dinge im Leben gab, die unerklärlich bleiben. Udo verließ nachdenklich den Raum und er wusste „Gaudi-Raudi" hatte mit seiner Standpauke recht gehabt. Ab jetzt traf sich Udo jeden Tag mit dem Spiegel. Sie wurden die besten Freunde.

Udo war bereits zehn Jahre alt, als er für eine Mathematikschularbeit so richtig zu lernen hatte. Seine Eltern erwarteten eine gute Schulnote. Doch Udo wusste, diesmal würde er seine Eltern enttäuschen, er war nicht gut vorbereitet und hatte so richtig Angst vor dieser schweren Schularbeit. Voller Sorge saß er mit ungutem Druck in der Magengegend vor seinem Spiegel und führte mit „Angsti-Bangsti" einen Dialog (vgl. ◼ Abb. 7.4). Sein Spiegelfreund sagte zu ihm:

☑ **Abb. 7.4**　Angsti-Bangsti. (© Zeichnung Elisabeth Kihßl)

» „Oftmals sind es überzogene Erwartungen, die für vermeidbare Angstzustände und Unwohlsein sorgen. Besser wäre es, die jeweiligen Notenvorstellungen mit Vater und Mutter zu besprechen. Vielleicht wirkt sich auch ein Spaziergang mit deiner geliebten Oma in der Natur wohltuend auf deinen Kopf und Körper aus. Generell wird dir Bewegung als Stresskiller gut tun. Nur so kannst du dein Nervenkostüm auf die kommenden Schularbeiten vorbereiten!"

Gesagt, und „Angsti-Bangsti", das kleine zitternde Männchen, verschwand rasch von der Spiegelfläche.

Udo befolgte den Rat von „Angsti-Bangsti" und dank ihm konnte Udo seine Mathe Leistungen ohne Druck der Eltern und mithilfe seiner Selbsteinschätzung mit Bravour meistern. „Bravo! Gut gemacht!" So lobte ihn sein Spiegelfreund, ab diesem Zeitpunkt, bei jedem seiner schulischen Erfolge.

Aus dem sommersprossigen und rothaarigen Udo wurde ein fescher, redegewandter junger Bursch, der sich mithilfe seines Rat gebenden Spiegels immer beliebter bei seinen Mitschülern und Freunden machte. In seiner Sorglosigkeit in der sich Udo damals mit seinen dreizehn Jahren befand, traf ihn völlig unerwartet, wenige Sekunden später, fast der Schlag, als er routinemäßig in seinen wundersamen Spiegel blickte. Sein Gesicht sah plötzlich befremdlich aus – voller Pickel und Pustel. Im selben Augenblick fühlte er sich hässlich und schwach. Eine unsagbare Wut stieg in Udo wegen seines Aussehens auf und er musste einen Schreikrampf unterdrücken.

7

◗ Abb. 7.5   Wudi-Rudi. (© Zeichnung Elisabeth Kihßl)

Jetzt hatte „Wudi-Rudi" (vgl. ◗ Abb. 7.5) seinen Spiegelauftritt und dieser sprach zu Udo:

》 „Geh zu deinem Vater und bitte ihn um Rat, denn ein Mensch aus Fleisch und Blut
kann sich besser dieses Problems annehmen." Udos Vater war ein kluger Mann mit viel
Lebenserfahrung, sodass er die Vorgänge im Kopf seines Jungen einschätzen konnte.
„Vater!", sagte Udo, „ach hätte ich doch ein anderes Gesicht ohne rote Pickel und
Pustel." „Ich verstehe deinen Seelenschmerz!", sagte der Vater zu seinem Sohn. „Solche
Erfahrungen bleiben fast keinem Jungen in der Pubertät erspart. Da musst du jetzt durch.
Dein Gesicht wird aber in geraumer Zeit seine ursprüngliche glatte und schöne Haut
zurück erhalten. Früher warst du ein Kind, heute bist du fast erwachsen. Du bist gereift."

Im selben Augenblick fühlte sich Udo frei von seiner Sorge, ungestüm umarmte er seinen Vater. Ja, dachte Udo, der Spiegel hat wieder recht gehabt. Er hat mir doch den Rat
gegeben, mich an meinen Vater zu wenden und dieser hat mir mein Selbstwertgefühl
wiederfinden lassen. Da erkannte Udo, es zählt im Leben in jeder Situation für einander
da zu sein. Seien es Eltern, Großeltern, Geschwister, Freunde und auch Lehrer mit denen
man reden, lachen aber auch weinen kann – einfach den Gemütszustand zuzulassen.
   Die Zeit verging wie im Flug und Udo wurde gerade fünfzehn Jahre alt als er eines
Tages am Fenster saß und er sah zu, wie eine neue Familie ins Nachbarhaus einzog.
Sie schleppten viele Kisten und Möbel hinein, und sie hatten eine Tochter. Jeden Nach-
mittag saß das hübsche Mädchen im Garten in der Sonne. Udo wäre gerne bei ihr
im Gras gesessen um mit ihr zu plaudern. Täglich drückte er seine Nase am Küchen-
fenster platt und schaute auf das bezaubernde Mädchen hinunter. Manchmal winkte
ihm das Mädchen fröhlich zu und lachte ihn gleichzeitig aufmunternd ins Gesicht.
Wie ein Schneekönig freute sich Udo, als er das über beide Backen strahlende Nach-
barmädchen auf der Straße zufällig traf. Schmunzelnd begrüßten sich die beiden aufs

Herzlichste. Die folgenden Monate verbrachten Udo und Johanna, so hieß das brünette junge Mädchen aus der Nachbarschaft, fast täglich miteinander. Die sorglose Freundschaft und beginnende zarte Jugendliebe fand ein jähes Ende, als Johanna mit ihren Eltern in eine andere Stadt zog. Udo's und Johanna's Herzschmerz waren riesengroß und sie schwuren einander sich nie aus den Augen zu verlieren.

Immer bei Trauer, Sorge oder gedrückter Stimmung half Udo der Gang zum geliebten Spiegel um wertvolle Hilfe aus seiner Aussagekraft zu holen. Auch diesmal tappte Udo noch spät in der Nacht in den hintersten Winkel des Spiegelzimmers und lies sich weinend vor dem alten Spiegel auf dem alten Teppich niederfallen.

„Weini-Reini" (vgl. ◘ Abb. 7.6) hatte Udo schon ganz aufgeregt erwartet und mit tröstender Stimmer erklärte er ihm:

» „Jeder Mensch bekommt von Gott, wenn er geboren wird, Liebe in sein Herz. Aus dieser Liebe wachsen Gefühle zu den Menschen und du wirst deine hochverehrte Johanna wieder sehen." Da wusste Udo, was der Spiegel ihm damit sagen wollte und es wurde ihm ganz warm ums Herz. Denn Linderung für die Sehnsucht nach einem geliebten Menschen bietet die Aussicht auf ein baldiges Wiedersehen. Plötzlich sah Udo einen hellen Schein im Spiegelglas und „Weini-Reini", das zierliche Männchen, verschwand lautlos von der Spiegelfläche. Der alte Spiegel lehnte als ob nichts gewesen wäre, still an der Wand und sah wieder wie ein ganz gewöhnlicher Spiegel aus. Udo erhob sich und ging leise aus dem finsteren von Spinnweben verwobenen Raum.

Udo konnte mit der Gewissheit einschlafen wieder ein Spiegelerlebnis erlebt zu haben, dieses weit schöner war als alles was er sich je erträumt hatte.

◘ **Abb. 7.6** Weini-Reini. (© Zeichnung Elisabeth Kihßl)

Als Udo nach erfolgreichem Schulabschluss sein über alles geliebte Elternhaus verließ, wurden seine Koffer zum Abtransport verladen. Unter seinem Arm schleppte Udo, in weichen Decken verpackt, seinen *geheimnisvollen* Spiegel, denn der sollte ihn auf all seinen Lebenswegen begleiten.

Jahre später …….. noch einmal hatten die vier Spiegelfiguren einen großen Auftritt! Udo und Johanna standen als frisch vermähltes Ehepaar vor dem ehrwürdigen, alten Spiegel, der in der großen Eingangshalle von Udos und Johannas neuem Haus einen Ehrenplatz fand. Nur für Udos Augen sichtbar begannen Gaudi-Raudi, Angsti-Bangsti, Wudi-Rudi und Weini-Reini das Spiegelglas in Schwingungen zu versetzten und im Raum erklang eine wundersame Melodie. Verwundert dieses sanften Klanges sah Johanna fragend zur ihrem frisch angetrauten Gatten auf. Doch dieser nahm Johanna schweigend in den Arm und küsste sie innig auf den Mund. Dabei zwinkerte Udo dankbar seinen vier Spiegelmännchen zu. Da begann der Spiegel in seiner ganzen Pracht zu leuchten, und ein Sonnenstrahl tanzte mit den vier Gestalten im Spiegelglas um die Wette.

Udo blieb sein Leben lang seinem *geheimnisvollen* Spiegel in Dankbarkeit verbunden. Denn dieser hat ihm in jeder Lebenslage sein innerstes Seelenleben mittels Spiegelmännchen mit anderen Augen sehen lassen.

Statt immer nur „ICH", ein bisschen mehr „WIR" und etwas Gaudi dazu. Statt Angst, Wut und Weinen, ein bisschen mehr Mut und Kraft zum Handeln.

Der *geheimnisvolle* Spiegel führt Udo die Wichtigkeit für Lob, Wertschätzung und Anerkennung vor Augen. Es ist der Spiegel seines Lebens, durch den er alle Höhen und Tiefen, Freud und Leid durchwandert und überdenken kann. Und dann öffnet Udo die Augen, sieht und hört genauer hin, erlebt Begegnungen und Momente von denen er noch Jahre danach zehrt.

Das größte Geschenk seines Spiegels und dessen vier Spiegelbewohner*innen sind jedoch, das Freiwerden im Kopf, das Ablegen von Anspannung und Angst und das Wiederfinden von Urvertrauen.

Serviceteil

© Springer Fachmedien Wiesbaden GmbH, ein Teil von Springer Nature 2020
C. Pommer, D. Zöhling, *Schemageleitete Pädagogik im Kinder- und Jugendbereich*,
https://doi.org/10.1007/978-3-658-26547-2

Anhang: Adressen

Schematherapeutische Institutionen im deutschsprachigen Raum

Deutschland

Praxis für Psychotherapie & Netzwerk
    Schematherapie Düsseldorf
Dr. Christof Loose
Gerresheimer Landstraße 129, D-40627
    Düsseldorf

▶ www.schematherapie-für-kinder.de oder
    ▶ www.psychotherapie-loose.de

Schematherapie-Fachgruppe im Deutschen
    Fachverband für Verhaltenstherapie (DVT),
    Sprecher: Dr. Eckhard Roediger
▶ https://www.verhaltenstherapie.de/fach-
    gruppen/fachgruppe-schematherapie/
▶ www.schematherapie-frankfurt.de

Aus- und Fortbildungen in Schematherapie in Deutschland

AAP Dresden	▶ www.aap-dresden.de	Dr. Andrea Keller	schema[at]aap-dresden.de
APV Münster	▶ www.apv-muenster.de	Christine Zens	apv[at]muenster.de
IFKV Bad Dürkheim	▶ www.ifkv.de	Simone Schubert	praxis[at]verhaltens-therapie-schubert.de
FFAP Freiburg	▶ www.ffap.eu	Dr. Eva Dieckmann	info[at]ffap.eu
IST-Berlin	▶ www.schema-therapie-berlin.de	Dr. Barbara Costaz, Werner Puschmann	kontakt[at]schema-therapie-berlin.de
IST-Frankfurt	▶ www.schema-therapie-frankfurt.de	Dr. Claudia Stromberg, Dr. Eckhard Roediger, Dr. Kristin Zickenheiner	info[at]schema-therapie-frankfurt.de
IST-Hamburg	▶ www.schema-therapie-hamburg	Christine Zens	info[at]schema-therapie-hamburg.de
IST-Köln	▶ www.schematherapie-koeln.de	Gisela Henn-Mertens	info[at]schematherapie-koeln.de
IST-Konstanz	▶ www.schema-therapie-konstanz.de	Julia Schuchardt	kontakt[at]schema-therapie-konstanz.de
IST-München	▶ www.schematherapie-muenchen.de	Dr. Nina Hollenbach Dr. Petra Zimmermann	kontakt[at]schematherapie-muenchen.de
ISST-Rhein-Ruhr Bochum	▶ www.schematherapie-rhein-ruhr.de	Dr. Jennifer Uekermann Hannah Hoppe	info[at]schematherapie-rhein-ruhr.de

IST-Stuttgart	► www.schema-therapie-stuttgart.de	Yvonne Reusch Matias Valente	m.valente[at] klinikum-weissenhof. de
IPSTI Mainz	► www.ipsti-mz.de	Dr. Neele Reiss	reiss[at]ipsti-mz.de
IVAH Hamburg	► www.ivah.de	Gerhard Zarbock	schematherapie[at] ivah.de
NEST Nürnberg	► www.nest-schema-therapie.de	Wolfgang Beth PD Dr. Gitta Jacob	kontakt[at] nest-schematherapie. de
VFKV München	► www.vfkv.de	Dr. Ludwig Grünwald Dr. Helmut Köhler	aim[at]vfkv.de

Österreich

Institut für ambulante Psychotherapie und
    Psychotraumatologie
Gesund im Zentrum
Kremsergasse 7
3100 St. Pölten
Tel.: +43 699 11080383
E-Mail: c.pommer@gmx.at
► www.gesundimzentrum.at

Schematherapie Wien
Primar PD Dr. Alexandra Schlosser/Dr. med
    Christiane Richter
Borschkegasse 15/15, A-1090 Wien
► http://schematherapie-wien.at/
Zentrum für seelische Gesundheit Leopoldau
Schererstraße 30, A-1210 Wien
Tel.: +43 1 2571948-0
► https://www.bbrz-med.at/

Arbeitsgemeinschaft für Verhaltensmodi-
    fikation
Paris-Lodron-Straße 32, A-5020 Salzburg
Tel.: +43 662 884166,
► https://institut-avm.at/weiterbildungen/
    schematherapie/

Zentrum für seelische Gesundheit Linz
Glimpfingerstraße 48a, A-4020 Linz
Tel.: +43 732 6922–6013
E-Mail: office.mulde@bbrz-med.at

Institut für Schematherapie Graz

Dipl.-Psych. Dr. Christina Archonti
Maiffredygasse 8a, A-8010 Graz
Tel.: +43 677 62526-400
► https://www.schematherapie-graz.at/

Schweiz

Institute Schematherapie Ostschweiz
Christoph Fuhrhans
Pestalozzipraxis, Pestalozzistrasse 8,
    CH-9500 Wil
Standort Winterthur: Rychenbergstrasse 67,
    CH-8400 Winterthur
Tel.: 0041 79 282 11 69
► www.istos.ch

Institut Romand de la Thérapie des Schémas (IRTS)

Katja Molnar
Ruelle Dublé 3, CH-2000 Neuchâtel
Tel.: 0041 (0)76 8246061
► www.schemasromandie.ch

Schweizer Netzwerk für Schematherapie
    (STNS)
c/o Nadja Rüegg
Kirchenrainstrasse 27, CH-8632 Tann/Rüti
info@psychotherapie-rueegg.ch
► http://www.stns.ch/

Universitäre Psychiatrische Kliniken Basel
Wilhelm Klein-Strasse 27, CH-4012 Basel
Tel.: +41 61 325-5208
► www.stbs.ch

Psychologische Praxis lic. phil. Vanessa Poron
Weinbergstrasse 29, CH-8006 Zürich
Tel.: 041 78 7937537
► http://www.schematherapie-praxis.ch/

Eve C. Jungo
Fachpsychologin für Psychotherapie FSP
Thunstrasse 93, CH-3006 Bern
Tel.: 041 79 9342370
► www.psychotherapie-jungo.ch

Niederlande

University of Maastricht, Clinical
    Psychological Science
J. Lobbestael
PO Box 616, NL-6200 Maastricht
E-Mail: Jill.lobbestael[at]dmkep.unimaas.nl

USA

Schema Therapy Institute/The Cognitive
    Therapy Center of New York
Janet Klosko, PhD
36 West 44th Street, Suite 1007,
    New York, NY 10036
Tel.: 001 212 221-0700
► http://www.cognitivetherapynewyork.com/
    schema-therapy-nyc/

Schema Therapy Institute Midwest
George Lockwood
471 West South Street, 41C Kalamazoo,
    MI 49007
Tel.: 001 269 345-8100
► http://www.schematherapymidwest.com/
    index.html

The Cognitive Therapy Center of Connecticut
44 Post Road West, Westport, CT 06880
Tel.: 001 203 227-6777

Russland

Maria Galimzyanova
111/1 Engels av., apt. 424, 194354 St Peters-
    burg, Russische Föderation

International

International Society of Schema Therapy, e. V.
    (ISST)
Nicole Haubitz
Glossop-Ring 35, D-6118 Bad Vilbel
► www.SchemaTherapySociety.org

Workgroup Child-and-Adolescent of Inter-
    national Society of Schema Therapy, e. V.
    (ISST), Christof Loose (s.o.)
► https://schematherapysociety.org/
    Child-and-Adolescent-Workgroup

Auswahl von Kliniken, die schematherapeutisch arbeiten

Deutschland
Anthroposophisches Krankenhaus Havelhöhe
Kladower Damm 221, D-14089 Berlin
Tel.: +49 30 36501-0
► www.havelhoehe.de

Die Diplomarbeit von G. Wichmann (2012)
arbeitete mit Daten aus der Havelhöhe.
Oberbergklinik Berlin-Brandenburg
Chefarzt Dr. med Bastian Willenborg
Am Glubigsee 46, D-15864 Wendisch Rietz
Tel.: +49 33679 64-100
► https://www.oberbergkliniken.de/service-navi-
    gation/aktuelles/schematherapie/

Die Oberbergklinik bietet ihren Patienten
    mit komplexen psychischen Störun-
    gen seit November 2016 eine schema-
    therapeutische Gruppenbehandlung an.
    Der Chefarzt der Klinik (zertifizierter
    Schematherapeut, Trainer und Super-
    visor) leitet diese Gruppe aktuell mit einer
    Kollegin, die ihre Zertifizierung gerade

abschließt. Die ersten Wochen zeigten eine enorme Akzeptanz bei den Patienten und es wurden deutliche Veränderungen bei „chronischen" Patienten erlebt. Das therapeutische Team wurde im vergangenen Jahr umfassend in schematherapeutischen Methoden geschult, sodass der schematherapeutische Ansatz auch im Einzelsetting Anwendung findet und eine Verzahnung der unterschiedlichen Therapiesettings erreicht werden kann.

Klinik für Psychiatrie und Psychotherapie/ Universitätsmedizin der Johannes-Gutenbuch-Universität Mainz
Direktor: Prof. Dr. Klaus Lieb
Langenbeckstr. 1, D-55131 Mainz
Tel.: +49 6131 17-7336
► http://www.unimedizin-mainz.de/

Bereits seit 2007 bietet die Klinik Fortbildungen in Schematherapie an. Vgl auch und Lieb (2014).
MEDIAN Klinik Wilhelmsheim
Wilhelmsheim 11, D-71570 Oppenweiler
Tel.: +49 7193 52-0
► www.median-kliniken.de

Die Klinik hat ein interdisziplinäres Schematherapeutisches Team, das u. a. mit Suchtpatient*innen arbeitet. Siehe Zemlin & Weber (2018).

Österreich

Universitätsklinik für Kinder- und Jugendpsychiatrie Wien
Währingergürtel 18-20, A-1090 Wien
Tel.: +43 (0)1 40400–30120
► https://kjp.meduniwien.ac.at/

Schweiz Privatklinik Clienia [13 Standorte in der deutschsprachigen Schweiz]
Hauptstrasse 130, CH-9573 Littenheid
Tel.: +41 71 929 60 60
► https://www.clienia.ch

2013 fand hier das erste ISST-zertifizierte Programm weltweit statt.

Schemageleitete Pädagogik

Österreich

Mag. Claudia Pommer & Dr. Doris Zöhling-**Markenrechtinhaberinnen**
Gesund im Zentrum.
Institut für schemageleitete Pädagogik nach Pommer & Zöhling
Ausbildungs-und Fortbildungszentrum für Schemageleitete Pädagogik
Kremsergasse 7
3100 St. Pölten
Tel.: +43 699 11080383
E-Mail: c.pommer@gmx.at
► www.gesundimzentrum.at

NÖ Sozialpädagogisches Betreuungszentrum Hinterbrühl
Urlaubskreuzstraße 15, 2371 Hinterbrühl
Tel.: +43 (0)2236 48521,
F.: +43 (0)2236 48521 772 199
E-Mail: sbz.hinterbruehl@noebetreuungszentrum.at
► www.sbz-hinterbruehl.at

NÖ Sozialpädagogisches Betreuungszentrum Schauboden
Schauboden 26, 3251 Purgstall
Tel.: +43 (0)7489 2246, F.: +43 (0)7489 2246 778 199.
E-Mail: sbz.schauboden@noebetreuungszentrum.at
► www.sbz-schauboden.at

NÖ Sozialpädagogisches Betreuungszentrum Pottenstein
Gutensteinerstraße 65, 2563 *Pottenstein*
Tel.: +43 (0)2672 82423, F.: +43 (0)2672 82423 777 199.
E-Mail: sbz.pottenstein@noebetreuungszentrum.at
► www.sbz-pottenstein.at

NÖ Sozialpädagogisches Betreuungszentrum
  Allentsteig
Ottensteiner Straße 36, 3804 *Allentsteig*
Tel.: +43 (0)2824 2308, F.: +43 (0)2824 2308
  771 199
E-Mail: sbz.allentsteig@noebetreuungs-
  zentrum.at
▶ www.sbz-allentsteig.at

NÖ Sozialpädagogisches Betreuungszentrum
  Hollabrunn
Elsa-Brandström-Straße 1, 2020 *Hollabrunn*
Tel.: +43 (0)2952 2116, F.: +43 (0)2952 2116
  773 199
E-Mail: sbz.hollabrunn@noebetreuungs-
  zentrum.at
▶ www.sbz-hollabrunn.at

NÖ Sozialpädagogisches Betreuungszentrum
  Korneuburg
Stockerauer Straße 80, 2100 *Korneuburg*
Tel.: +43 (0)2262 72591. F.: +43 (0)2262 72591
  774 199
E-Mail: sbz.korneuburg@noebetreuungs-
  zentrum.at
▶ www.sbz-korneuburg.at

Schemapädagogik

Deutschland
Dr. Marcus Damm
Rathenaustr. 18, D-67547 Worms
Tel.: +49 6241 9798902; +49 0177 6634957
▶ www.schemapaedagogik.de und ▶ https://
  schemapädagogik-netzwerk.de/

Schemapädagogik Region NRW
Antonia Bentler
Fürstenweg 18, D-33102 Paderborn
Tel.: +49 5251 33927
▶ http://www.padergogik.com/

Schemapädagogische berufsbegleitende Fortbildung:
awolon – Das Trainerkollektiv, c/o Hartmut
  Gähl

Max-Horkheimer-Str. 4, D-51377 Leverkusen
Tel.: +49 2171 559461,
▶ www.awolon.de

Schemapädagogik Nordwest
Marek Poloczek
Auricher Landstrasse 3, D-26802 Moormer-
  land
Tel.: +49 163 6327529, ▶ http://www.dt-netz-
  werk.de/home.html

Schemapädagogik Brandenburg
André Kotecki
Steinzeugstraße 28, D-50226 Frechen
Tel.: +49 2234 2019667, 049 174 4225373,
▶ http://www.andrekotecki.de/

Schemapädagogik Thüringen
Doreen Bauer, c/o Perspektiv e. V. Erfurt
Kronenburggasse 13, D-99084 Erfurt,
▶ http://www.perspektiv-erfurt.de

Schemapädagogik Sachsen
Marie Bochmann, Leipzig
Shakesspearestraße 34, D-04107 Leipzig
Tel.: +49 341 91853396,
▶ https://praxis-bochmann.de/kontakt/

Schweiz

Fachstelle Schemapädagogik
c/o Madeleine Rytz-Hofer
Chrischonaweg 52, CH–4125 Riehen
▶ www.schemapaedagogik.ch

Faustlos

Heidelberger Präventionszentrum (HBZ)
Dr. Andreas Schick
Blütenweg 5, D-69198 Schriesheim
Tel.: +49 6203 9577941
E-Mail: hpz@h-p-z.de
▶ https://h-p-z.de/

Faustlos Elternschule

Martina Lemp
Tel.: +43 676 939 44 73
E-Mail: martina.lemp@faustlosmiteltern.at
▶ www.freudemitkindern.com
▶ http://www.faustlosmiteltern.at/

PAPILIO

Papilio-Akademie/Papilio-Fortbildungsma-
nagement
Renate Weber
Papilio gGmbH, Ulmer Straße 94. D-86156
Augsburg

Tel.: +49 821 4480 8596
renate.weber@papilio.de
▶ https://www.papilio.de/akademie.html

Dort findet sich sauch eine bundesweite
Liste der Referent*innen.
HAPPY KIDS: bärenstark gegen Kindesmiss-
brauch & für Gewaltprävention
Neustift bei Güssing 124, A-7540 Neustift bei
Güssing,
Tel.: +43 676 433 54 94
▶ http://www.happykids.at

Literatur

Bundesministerium für Familien, Senioren, Frauen und Jugend (Hrsg.). (2013). *14. Jugendbericht*, Berlin.

Bundesministerium für Familien, Senioren, Frauen und Jugend (Hrsg.). (2017). *15. Jugendbericht*, Berlin.

Grawe, K. (1999). Ressourcenaktivierung: Ein primäres Wirkprinzip der Psychotherapie. *Psychotherapeut, 44*(2), 63–73.

Lieb, K. (2014). Schematherapie bei Persönlichkeitsstörungen. *InFo Neurologie & Psychiatrie, 16*(6), 11.

Wichmann, G. (2012). *Eine Überprüfung der Psychometrischen Qualität des Young-Schema-Questionnaire (YSQ-S2)*. Berlin: Diplomarbeit an der Humbold-Universität zu Berlin.

Zemlin, U., & Weber, T. (2018). Rehabilitationskonzept für Alkohol- und Medikamentenabhängigkeit und Pathologisches Glücksspielen, Oppenweiler. ► https://www.median-kliniken.de/fileadmin/user_upload/A_Standorte/wilhelmsheim/pdf-wilhelmsheim/WIHH_Flyer_Rehabilitationskonzept_A4_web.pdf.

Weiterführende Literatur

Archonti, C., Roediger, E., & de Zwaan, M. (Hrsg.). (2016). *Schematherapie bei Essstörungen*. Weinheim: Beltz.

Arntz, A., & Van Genderen, H. (2010). *Schematherapie bei Borderline-Persönlichkeitsstörung*. Weinheim: Beltz.

Bender, S., Resch, F., & Seiffge-Krenke, I. (2017). *Einführung in die Schematherapie aus psychodynamischer Sicht: Eine integrative, schulenübergreifende Konzeption*. Göttingen: Vandenhoeck & Ruprecht.

Dieckmann, E. (2011). *Die narzisstische Persönlichkeitsstörung mit Schematherapie behandeln*. Stuttgart: Klett-Cotta. (Mit einem Vorwort und einem Beitrag von Wendy T. Behary).

Farrell, J. M., Farrell, J., & Shaw, I. (2013). *Schematherapie in Gruppen: Therapiemanual für die Borderline-Persönlichkeitsstörung*. Weinheim: Beltz.

Faßbinder, E., Erkens, N., & Jacob, G. (2016). Schematherapie bei Cluster-B- und -C-Persönlichkeitsstörungen. *PSYCH up2date, 10*(5), 391–405.

Grawe, K., Grawe-Gerber, M., Heiniger, B., Ambühl, H., & Caspar, F. (1996). Schematheoretische Fallkonzeption und Therapieplanung. In F. Caspar (Hrsg.), *Psychotherapeutische Problemanalyse* (S. 189–224). Tübingen: DGVT.

Große-Hotfort, M., & Grawe, K. (2000). Fragebogen zur Analyse Motivationaler Schemata (FAMOS). *Zeitschrift für Klinische Psychologie und Psychotherapie, 29*(3), 170–179.

Handrock, A., Zahn, C. A., & Baumann, M. (2016). *Schemaberatung, Schemacoaching, Schemakurzzeittherapie*. Weinheim: Beltz.

Jacob, G., & Arntz, A. (2014). *Schematherapie*. Göttingen: Hogrefe.

Jacob, G., & Arntz, A. (2015). *Schematherapie in der Praxis* (2., überarbeitete Aufl.). Weinheim: Beltz.

Jacob, G., & Faßbender, E. (2015). Schematherapie in Gruppen. *Psychotherapeut, 60*(4), 290–294.

Jacob, G., & Seebauer, L. (Hrsg.). (2013a). *Fallbuch Schematherapie*. Weinheim: Beltz.

Jacob, G., & Seebauer, L. (2013b). *Schematherapie: Fallvideos zu Persön-lichkeitsstörungen und Suizidalität*. Weinheim: Beltz. (2 DVD-Videos, 250 Min.).

Knörnschild, C., & Jacob, G. (2018). Schematherapie bei antisozialem Verhalten und Psychopathie. *Forensische Psychiatrie, Psychologie, Kriminologie, 12*(3), 256–265.

Loose, C., & Pietrowsky, R. (2016). Schematherapie bei Kindern und Jugendlichen – Eine konzeptuelle und evidenzbasierte Übersicht. *Zeitschrift für Kinder- und Jugendpsychiatrie und Psychotherapie, 44*(6), 432–442.

Loose, C., Graaf, P., & Zarbock, G. (Hrsg.). (2015). *Störungsspezifische Schematherapie mit Kindern und Jugendlichen*. Weinheim: Beltz.

Reiß, N., & Vogel, F. (2014). *Empathische Konfrontation in der Schematherapie*. Weinheim: Beltz.

Reiß, N., Vogel, F., & Knörnschild, C. (2015). *Schematherapie bei Patienten mit aggressivem Verhalten: Ein Therapieleitfaden*. Göttingen: Hogrefe.

Reusch, Y., & Valente, M. (2015). *Störungsspezifische Schematherapie: Anwendungen im stationären Setting*. Weinheim: Beltz.

Roediger, E. (2016). *Schematherapie: Grundlagen, Modell und Praxis* (3., vollständig überarbeitete Aufl.). Stuttgart: Schattauer.

Roediger, E. (2018). *Was ist Schematherapie?: Eine Einführung in Grundlagen, Modell und Anwendung* (3., überarbeitete Aufl.). Paderborn: Junfermann. (Vorwort von Jeffrey E. Young).

Roediger, E., & Zarbock, G. (2015). Schematherapie bei Persönlichkeitsstörungen. *Der Nervenarzt, 86*(1), 60–71.

Schuchardt, J., & Roediger, E. (2016). *Schematherapie*. Tübingen: Psychotherapie.

Zens, C., & Jacob, G. (2014). *Schwierige Situationen in der Schematherapie*. Weinheim: Beltz.